유소유

유소유

초판 1쇄 발행 2011년 8월 15일

지은이	고세진
발행인	김순정
책임편집	김래주
편집	김민수 유연주
마케팅	김정훈
디자인	장유진
캘리그래피	박재현
그림·일러스트	임가연
펴낸곳	순정아이북스
주소	서울시 서초구 서초동 1330-18 현대기림빌딩 704호
전화	(02)597-8933 팩스 (02)597-8934
홈페이지	www.soonjung.net
이메일	bestedu11@hanmail.net
출판등록	2002년 10월 8일 제16-2823호

ISBN 978-89-92337-25-0 (13810)
값 15,000원

* 저자와의 협의 하에 인지를 생략합니다.
* 파본은 본사나 구입하신 서점에서 교환하여 드립니다.
* 이 책을 무단으로 복사, 복제, 전재하는 것은 저작권에 저촉됩니다.

유소유

고세진 지음

책을 내며

터벅터벅 삶의 길을 걷는 사람들에게 보내는 응원

삶의 현장에서 득도하는 법을 이야기하자

인생에서 가장 귀한 것은 인생이다. 그것보다 더 귀한 것이 있을 수 없다. 연습이 불가능하고 대본매뉴얼도 없는 인생을 산다는 것은 큰 모험이 아닐 수 없다.

어떻게 사는 것이 잘 사는 것일까? 흔들림이 없이 사는 길은 무엇인가?

이런 고민을 해보지 않은 사람이 있을까? 스스로 자기의 삶을 버리는 사람들이 왜 그리 많은가? 사람들이 부러워하는 연예인, 성공의 정점에 선 교수, 교육계의 총아라고 할 수 있는 대학총장, 부의 상징인 재벌 총수, 권력을 손에 쥔 정치인, 생명의 존엄성을 떠받드는 종교인, 기타 잘 나가는 사람들이 스스로 목숨을 끊는 일이 너무 잦다. 왜 사람들은 절망해야만 하는가?

세계에서 가장 가난한 나라인 방글라데시 사람들은 행복만족도에서

1위라고 하는데, 그들보다 훨씬 잘 사는 우리 사회는 왜 이리 어지럽고 불만투성이인가? 그 전에는 종교가 사회를 걱정했는데 지금은 사회가 종교를 걱정하는 상황이 벌어지고 있는 것은 또 웬일인가?

　키팅Keating 선생이[1] 학생들에게 한 말을 빌린다면 법률, 경제, 건축, 의학, 이런 것들은 모두 삶을 유지하는데 필요한 것이고 시, 노래, 이야기, 아름다움, 낭만, 사랑은 삶의 목적이다. 우리는 너무 긴 세월 삶을 유지하는데 집착하다가 삶의 의미와 목적을 잃고 표류하는 사회 속에 살고 있음을 반성해 볼 필요가 있다.

　현자들은, 소유욕의 노예가 되어 불필요하게 많은 물건들에 얽매이는 삶에서 벗어나라고 말한다. 그것을 '무소유無所有'라는 말로 간명하게 표현한 이도 있고, 심지어 다 버리고 어디론가 떠난 사람들도 있다. 그런데 가정과 사회에 책임을 지고 살아야 하는 일반 대중은 그렇게 하기가 어렵다.

　그렇다면 그 가르침을 어떻게 삶에 응용할 수 있는지 되새김질해 보아야 한다. 불필요한 것을 버리되 각자의 처지와 형편에 따라 얼마만큼 버려야 하는지, 그리고 산속에 들어가지 않고도 삶의 목적을 아름답게 가꿀 수 있는 길은 무엇인지 고민해 보아야 한다.

> 속세를 벗어나는 길은 곧 세상 속에 있으니, 반드시 사람과 절교하고 세상을 떠나야 할 필요는 없고, 마음을 깨닫는 공부는 곧 마음을 다하는 속에 있으니 꼭 물욕을 끊어서 마음을 싸늘한 재처럼 해야 할 필요는 없다.

> 출세지도   즉재섭세중   불필절인이도세
> 出世之道는 卽在涉世中이니 不必絶人以逃世하고
>
> 요심지공   즉재진심내   불필절욕이회심
> 了心之功은 卽在盡心內니 不必絶慾以灰心이니라.[2]

삶이 헝클어지고 나빠지는 것은 지나친 욕심과 이기주의에서 나온다.
타인을 누르거나 비리와 부정부패로 성공 스토리를 쌓아 올리는 경우도 있겠지만 그 성공은 허망하다. 매일 경쟁 속에서 사는 현대인일수록 가진 것을 분수에 맞게 조절하고, 적절하게 사용하면서 삶의 바퀴를 절도 있게 굴려 가는 지혜가 절실하게 필요하다.

분주한 세상 한복판에 살면서도 고요한 산 속에서 사는 것처럼 맑고 평온한 삶을 유지할 수 있다면 더할 나위 없이 좋을 것이다. 물질적, 정신적, 영적 자산을 분수에 맞게 가지고 세상 속에 살면서 세상을 이롭게 하는 것이 진정한 의미의 소유다. 그것을 유소유, '유익한 소유'라고 하는 것이다.

나는 그런 이야기들을 하려고 한다. 그저 불필요한 것을 버리거나 집착에서 벗어나기 위해 버릴 수도 있지만, 세상 속에서 아름답게 살기 위해서 소유하고 세상을 이롭게 하기 위해서 적극적으로 나누어 주는 유소유 이야기를 하고 싶다.

매일 자기의 짐을 지고 삶의 목적을 이루기 위해서 살아가는 모든 이들에게 내가 하는 이야기가 응원이 되고 용기가 되었으면 좋겠다. 내 이야기가 끝나는 언덕에서 독자의 이야기들이 시작되기를 바란다.

끝으로, 원고가 컴퓨터 화면을 걸어 나와 책이 되기까지 조언하고 수고해 주신 모든 분들과 추천사를 써 주신 분들께 고마운 마음을 전하고 싶다. 그리고 순정아이북스의 김순정 사장과 편집자의 정성과 노고에 대해서 두 손 모아 감사한다. 컴퓨터 앞까지 수도 없이 찻잔을 가져다 주었지만, 정작 책이 나오면 읽지는 않을 아내와 함께 이 책을 놓고 이야기할 생각을 하니 즐겁다.

2011년 여름의 한복판에서
지은이

차례

책을 내며 4

1 **웃음과 이야기 속에 피는 행복**
Dialogue에서 Story로 15
사랑받는 사람의 조건 19
어른의 머리 꼭대기에 앉아 있는 아이들 24
웃음은 발전소다 28
원하는 것과 필요한 것 사이 33

2 **듣고 말하기**
콩밭이 돌밭이 되다 41
듣는 귀를 닫았을 때 솔로몬은 망했다 45
무산된 나의 파리 미술전 52
사병士兵은 사병私兵이 아니오 56
말하는 의자들 59

3 **우리가 함께 사는 지혜**
협상은 상대를 껴안는 것 69
약속은 지키세요 74
당신이 특별한 사람입니다 77
말죽거리 정면돌파 83
사람을 죽이는 것은 나쁩니다 88

4 **가족과 친구가 있는 세상**
아이와 놀아 주는 부모 95
꽃과 여인 100
이빨과 가족 102
크리스마스와 가족 105
늙은 군인의 친구 109
가족이 함께 싸워 이긴 불치병 113

5 종교는 원래 위치로

삶을 위한 종교 127
고요함에 대한 갈증 132
참된 신앙인 136
종교는 마음의 혁명이다 144
하늘이 무너져도 솟아날 구멍은 있다 149
문제가 어려우면 신기하게 풀린다 153

6 유소유有所有

유소유 159
욕심은 바로 죽여라 166
진정한 유소유자 171
내가 좋아하는 순간들 176
시간에 앞서가기 181
시간은 가장 귀중한 유소유다 185

7 가지고 다듬어야 할 소유

사랑과 고마움은 형제 195
아이에게서 배우는 용서 199
배려는 사회의 윤활유 203
개성을 존중하자 208
모판에서 책임지는 삶 214
책읽기는 생활이다 219

8 사람은 사람답게

사람답게 해 주세요 229
모든 인생에는 의미가 있다 236
자기 삶에 대한 존중 242
땅을 박차고 하늘을 날자 245

Ⅰ.

웃음과
이야기 속에 피는
행복

세상이 힘들게 할수록 웃음을 자아내자.
삶이 어려울수록 이야기로 용기를 북돋우자.
남의 이야기를 들어주고 나의 이야기를 하자.
아이들과 이야기하자.
부부가 손잡고 걸으면서 이야기하자.
웃음을 참지 말고 자꾸 웃자.
오순도순 웃고 이야기하면
살 힘이 생기고 용기가 솟는다.
그럴 때 어려움과 절망은 천리만리 도망간다.

Dialogue에서 Story로

사람과 짐승의 차이는 무엇인가? 새나 짐승도 막대기나 돌 같은 것을 도구로 쓰긴 하지만 말은 못 한다. 서로에게 짖지 않고 말을 할 수 있는 능력은 신神이 사람에게 준 귀한 소유이다. 또한 긴 이야기를 늘어놓을 수 있는 능력은 얼마나 멋진가!

그런데 대화對話는 한문이고 한글로는 이에 상응하는 적절한 낱말이 없다. 국어사전에는 대화가 '마주 대하여 주고받는 이야기'라고 풀이되어 있다. 영어, 프랑스어, 독일어 등의 서양 언어에서는 대화를 다이아로그Dialogue라고 하는데 이는 양쪽Dia이 하는 말Logue이라는 뜻이다. 서양인들은 양쪽이 서로 말하고, 한국인들은 서로에게 '대 놓고 말하는 것' 같다.

한글에 '대화'를 뜻하는 우리말이 없어서 그런지 '대화'라는 어감이 별로 좋지 않은 것 같다. '대화할 필요가 있다'거나 '얘기 좀 합시다'라고 하면 긴장감이 돌고, '진솔하게 대화합시다'라고 하면 무슨 문제가 있다고 받아들이기 쉽다. 대화가 논쟁이 되고 싸움이 되는 것을 우리는 많이 보아 왔다.

노무현 정권 때 김근태 국회의원은 대통령에게 계급장 떼고 치열하게 '논쟁' 하자고 한 적이 있다. '대화'가 안 되니 '논쟁'으로 가잔다. 대화를 하면 문제가 축소되는 것이 아니라 확대되어 다른 문제를 발생시킨다. 같은 솥의 밥을 먹고 정권을 창출한 동지들끼리도 이 지경이다.

한국 사람들이 의사소통에 서툴다는 지적이 크게 틀린 말은 아닌 듯싶다. 인구는 일본의 40%밖에 안 되는 우리나라에서 고소 고발은 일본보다 수십 배가 넘는다고 하니, 우리가 대화를 하기는 하는 건가?

대화가 '서로 주고받는 이야기'가 아니라 '대對 놓고' 말해 버리는 일방적인 독백 정도로 전락하지 않았는지 의심스럽다. 그래서 '대화'란 말이 '요구'나 '명령'인 경우도 있다. 학교나 관청에 걸린 현수막과 포스터들은 아래로 내리는 명령 또는 위로 항변하여 올라가는 일방적인 명령들로 가득 차 있다. 데모대의 고함은 행정권자에게 뿌리는 상향식 명령인 것이다. 우리 사회에는 '대화 = 명령 = 불평등 의사전달'이라는 공식이 암암리에 숨어 있는 것 같다. 그것은 우리말에 '대화'에 해당하는 단어가 없는 것과 일치한다.

신 앞에서 모든 사람들이 평등하다고 하지만 사제와 신자들 사이에 수평적 대화가 이루어지는 종교는 드문 것 같다. 학교도 회사도 정부도 모두 의사소통이 안 된다고 한다.

대화가 가장 잘 됨직한 가정에도 문제가 있다. 우리나라 대학생이나 청소년들이 부모를 혐오하게 되는 가장 큰 이유는 부모가 소리를 지르기 때문이라는 통계를 본 적이 있다. 가출한 아이들은 부모가 일방적으로 소리 지르고 강요하기 때문에, 삭막해서 집을 나왔다는 고백을 많이 한다.

대화하자고 하면서도 대화가 안 된다면, 아예 개념이 왜곡되거나 상실된 '대화하자'는 말을 하지 말고 그저 이야기를 시작하면 좋지 않을까 싶다. Dialogue가 안 되니 Story를 하자는 말이다.

한글에는 '대화對話'에 해당하는 단어는 없지만, '이야기'라는 단어는 있으니 이야기가 우리의 기본적인 대화 방식이 아니었겠는가? '대화하자'는 전제 없이 그저 해주는 이야기가 실은 대화이고 대화의 방법이며 대화의 기술이 될 수도 있다. 이야기를 하다 보면 상대방도 이야기로 응답하게 될 터이고 그러다 보면 그게 대화對話가 되지 않겠는가?

오후에 복도에서 사원을 만난 간부가 "어이구 김 대리 열심이시구먼. 저도 그랬어요. 그런데 벌써 이 회사에서 30년이 되었어요. 그렇게 열심히 하시니 반드시 잘 될 겁니다"라고 한다면, 그 사원은 "제가 어떻게 전무님 같은 분과 비교가 되겠습니까? 전 그저 살아남으려고 안간힘을 쓰고 있을 뿐입니다"라고 대답하고, 전무는 다시 "그게 다 발전하는 과정이지요. 힘내세요"라고 한다면 "일 잘해라, 근무성적 올려라" 같은 명령보다는 훨씬 더 좋은 효과를 낼 것이다.

이야기를 하면 상황과 결과가 달라질 것이다. 성적이 좋지 않은 아들에게 대화를 한답시고 "공부하라"고 명령해 봐야 별 효과가 없다. 그보다는 집 근처에 있는 공터나 둑길을 걸으며 슬슬 이야기를 해보자.

"아빠도 그런 과목은 잘 못했어. 겨우 시험은 통과했지만, 네가 그 과목에서 고전하는 건 부전자전이지 뭐. 그래도 넌 나보다 잘하고 있어……" 하고 고백 같은 격려를 해보자. 아이는 아이대로 "아빠, 내가 노력을 안 하는 것은 아닌데……"라며 자기 생각을 이야기 하게 될 것이고, 그러다 보면 이야기가 오고 가면서 대화가 될 것이다. 그러면 아이는 훨씬 더 공부하고 싶은 마음이 생길 것이다. '아빠도 잘하지 못했던 것을 나는 극복해서 아빠를 기쁘게 해 드려야지!' 라고 생각할 수도 있지 않은가?

영국가구패널British Household Panel이 영국 청소년 1,200명을 대상으로 실시한 행복척도조사가 있다. 그에 따르면, 거의 매일 아버지와 의미 있는 이야기를 나누는 청소년들은 행복지수가 87%로, 아버지와 이야기를 하지 않는 청소년들보다 훨씬 높았다고 영국의 일간지 텔레그라프 인터넷판이 보도하였다.[3] 스트레스를 유발하지 않고 조용히 나누는 이야기가 좋은 것이다.

그저 조곤조곤 이야기를 하다 보면 감정도 풀리고 용기도 나고 사랑도 증가된다. 지친 아내나 남편의 다리를 주물러 주면서 "예전에 말이야, 우리 어머니가 다리가 아플 때면 우리 아버지는……" 하면서 슬슬 이야기를 엮어 가면 부부 사이의 따뜻함이 자꾸 늘어 갈 것이다.

이제 그만 다 털어 버리고 이야기나 하자. 긴 이야기를 하자. 포복절도할 이야기라면 더 좋지 않겠는가! 옛날 이야기도 하고 사랑도 이야기하자. 미래에 하고 싶은 것을 이야기하자.

사랑받는
사람의
조건

사람은 남에게 인정을 받고 사랑을 받고 싶어서 이것도 하고 저것도 한다. 문제를 일으키는 아이들은 부모나 선생에게서 인정을 받으려는 심리적인 요인 때문에 이상한 행동을 한다고 한다.

최근 성형수술이 성행하는데 그것 역시 남에게 잘 보이고 사랑 받고 싶은 마음 때문이라고 한다. 남에게서 사랑과 인정을 받을 수 있는 더 좋은 길이 있다. 이야기를 잘 듣고 적절한 이야기로 반응하는 게 그 방법이다.

인도 무굴제국의 황제 샤 자한Shah Jahan: 1592-1666은 여러 아내들 중에서 아르주만드 바누 베굼을 가장 사랑하였고 그녀의 외모와 성격을 모든 여인들 중에서 최고로 평가하였다고 한다. 그는 그녀에게 '뭄타즈 마할 Mumtaz Mahal, 왕궁의 사랑스러운 장식이라는 뜻' 이라는 별명을 하사하였다.

뭄타즈 마할이 그렇게 절세미인이었는지는 모르겠다. 18세기에 그려진 그녀의 초상이 생전의 모습을 얼마나 잘 묘사하고 있는지 알 수 없다. 하지만 황제 샤 자한이 그녀를 끔찍하게 사랑한 것이 사실이었음을 알게 하는 것들이 있다.

첫째는 그녀가 열네 번째 출산을 하다가 죽었다는 사실이다. 샤 자한이 그만큼 그녀를 가까이 두었다는 뜻이 된다. 둘째는 아내가 죽자 그녀의 무덤을 22년에 걸쳐서 조성했는데 그것이 세계 7대 불가사의 중의 하나이고 유네스코 세계문화유산이며 세상에서 가장 아름다운 건물 중 하나라는 타지마할이다.

기본적으로 흰색 대리석으로 지은 건물에 다른 색 대리석들로 상감 象嵌을 넣은 걸작이다. 이 건물을 짓느라고 국고를 탕진하여 결국에는 왕권의 몰락을 초래하였다고 하니 얼마나 대단한 역사役事를 일으킨 것인지 짐작할 만하다. 샤 자한도 이 건물 지하에 있는 뭄타즈 마할의 무덤 옆에 묻혀 있다. 그는 죽어서도 아내와 함께 있기를 바랐다.

뭄타즈 마할이 제일 아름다운 여인이었다기보다는 그녀가 샤 자한에게 그렇게 아름다워 보였다는 것이 더 옳지 않을까? 왕비로 들어온 여인들이 추녀들이었을 리는 없다.

샤 자한의 많은 아내들은 황궁 내의 권력암투에 연결되거나 황제 앞에서 다른 황비들을 폄론하고 남편보다는 자신들을 돌보기에 더 열심이었는데, 뭄타즈 마할은 미소 띤 얼굴에 남의 흉을 보는 일 없이 언제나 남편의 필요가 무엇인지 살펴서 챙겨 주고, 무엇보다도 남편의 이야기를 기쁘게 경청하는 사람이었다고 한다.

샤 자한은 청년 때부터 전장戰場을 누빈 용사였다. 그는 아내와 이야기를 하고 싶어서 크고 작은 전장에 그녀를 데리고 다녔다고 한다. '아름다움이란 피부 두께밖에 안 된다'는 서양 속담도 있거니와 맞장구 쳐 주는 이야기의 상대가 사랑스럽기는 누구에게나 마찬가지이다.

오래 전에 외국 곡을 개작한 이런 노래가 히트한 적이 있다.

> 사랑은 정답게 주고받는 아름다운 이야기
> 활짝 핀 꽃처럼 사랑스런 그 모습
> 사랑은 정답게 주고받는 아름다운 이야기
> 새하얀 솜처럼 피어나는 사랑스런 그 미소[4]

전투가 끝나고 해 저문 전장의 한쪽에 쳐 놓은 막사에서 등불 빛이 새나오는데, 샤 자한과 뭄타즈 마할이 두런두런 이야기를 하고 있는 장면을 상상해 보라.

우리가 어렸을 때 사귄 친구들을 생각해 보라. 얼마나 많은 이야기들을 나눴던가. 돈이 되고 문제를 해결하는 실리적인 이야기가 아니라 그저 하는, 하고 나면 금세 잊어지는 이야기들이었다. 그러나 그런 이야기를 나누는 중에 우린 살맛을 느꼈고 친구가 소중하게 생각되었고 세상의 모든 것에 사랑을 느꼈다. 그리고 늙어도 그 친구들이 그립다.

뭄타즈 마할보다 1,600여 년 전인 옛 이스라엘로 가 보자. 어느 날 예수가 한 가정에 초대되었다. 언니 마르타는 예수와 손님들을 대접할 음식을 준비하느라고 분주하였는데 동생 마리아는 손님들과 함께 예수가 하는 말씀을 듣고 있었다. 마르타는 그런 아우에 대해 좀 열을 받으면서 요리를 하였다.

식사 시간은 다가오고 음식은 다 준비가 안 되어 마르타가 조급하여 마리아를 불러내려고 했다. 그때 예수는, 마리아가 좋은 것을 선택하였으니 놔두고 음식도 한두 가지로 족할 터이니 너무 많이 하려고 하지 말라고 하였다.

그 말을 하는 예수의 얼굴에 부드러운 미소가 번졌을 것을 상상하기는 어렵지 않다. 마르타는 당황했겠지만, 예수는 자기의 이야기를 듣고 있는 마리아와 다른 사람들이 방해받는 것을 원치 않았던 것이다. 예수는 음식보다 자기의 이야기를 들어 주는 것을 더 좋아하였던 것이다.

이야기가 있을 때 음식은 제 맛이 나는 것이다. 입 다물고 식사하는 풍경을 상상해 보라. 가장 아름다운 여인은 이야기를 듣고 있을 때 탄생되는 것이 아닐까? 이야기를 들어 주는 사람도 사랑스럽지만 재미있는 이야기를 잘하는 사람도 그렇다.

뭄타즈 마할보다 대략 천년 전에 페르시아에서도 이야기 때문에 맺어진 멋진 인연이 있었다. '천일야화千一夜話' 또는 '아라비안 나이츠'로 알려진 민담이다. 부정을 저지른 아내 때문에 여자들에 대해 악감정을 품게 된 페르시아의 왕은 처녀를 왕비로 맞아들이고 첫날밤이 지나면 죽이는 일을 반복했다. 드디어 셰헤라자데Scheherazade라는 처녀가 신부가 되었다.

신부는 첫날 밤에 왕에게 이야기를 들려주다가 날이 새자 결론을 미루었다. 왕은 결론이 듣고 싶어서 신부를 하루 더 살려 주었다. 그날 밤 신부는 이야기를 마쳤으나 바로 이어서 다른 이야기를 시작하여 날이 새기 전에 결말을 말하지 않았다.

결정적인 순간에 이야기를 끊어 다음 시간을 기다리게 하는 TV 연속 극처럼 왕의 마음을 애타게 하면서 이야기를 1001일 동안 이어 나아갔다. 유명한 '신바드의 모험'이나 '알라딘의 램프'나 '알리바바와 40인의 도적들'은 신부의 긴 이야기 속에 나오는 작은 이야기들이다.

그렇게 이야기를 들으며 왕은 셰헤라자데와 깊은 사랑에 빠져 아들을 셋이나 보게 되었으며, 더불어 친절하고 현명한 남자로 변모하게 되었다고 한다. 이야기의 힘이랄까 영향력이 이 정도이다.

인도의 뭄타즈 마할이나 이스라엘의 마리아나 페르시아의 셰헤라자데나 모두 이야기와 관련되어 있다는 것은 우연이 아닐 것이다. 이야기가 바로 사람과 사람을 이어주는 참된 띠이기 때문이다. 셰헤라자데의 경우에는 이야기를 함으로써 자기의 목숨을 건지고 왕의 증오와 잘못된 복수심마저 치료하여 그를 더 나은 사람으로 변화시켰다.

아름다워지려면 성형수술을 하기보다는 이야기를 들어 주는 것이 더 나은 방법일 것이다. 이야기를 들어 줄 사람이 있을 때 세상은 살맛이 난다. 재미있는 이야기를 들을 때 신이 난다. 이야기를 듣고, 이야기를 하는 가정과 사회는 평안하다.

대화하자고 불러내지 말고, 슬며시 이야기하며 스며들자. 너의 이야기를 듣고 나의 이야기를 해보자. 불편함이나 증오심마저도 녹여 내는 이야기판을 벌여 보자. 이야기는 돈 안 드는 값진 재산이다.

어른의
머리 꼭대기에
앉아 있는 아이들

　　어른은 아이에게 무엇인가? 돈 내는 기계인가? 통제하는 정부政府인가? 이끌어 가는 안내자인가? 보호자인가?

　어른의 입장에서 아이들을 보면 염려와 배려가 우선 앞서겠지만, 객관적 입장에서 아이들은 인간이요 생명이요 문화이며 동시에 창의적 주체들이다. 그 속에는 꿈과 이야기와 미래가 삶의 갈피갈피에 접혀져 있다.

　아이들을 보는 우리는 때로 놀라며 웃는다. 작은 그들이 어른들의 머리 꼭대기에 앉아 있다는 것을 아는 순간에……. 아이들과 이야기를 하면 그들을 알게 되고 부모의 뜻을 알릴 수 있다. 아들이 중학생일 때 하던 이야기가 생각이 나서 혼자 웃곤 한다.

"아빠, 어떤 가게에 멋진 외투가 있는데 한번 가봐 주실래요?"
"응, 그렇지만 사달라고 하진 마라."
"그건 둘째 문제고요, 한번 보시기나 해요."

한 의류가게 안. 아들이 검은 겨울외투를 하나 집어 드니 점원이 입혀 준다. 보기에 좋다. 벽에 걸린 달력을 보니 벌써 1월 하순이다. 이때쯤이면 겨울상품은 끝물이건만 할인을 해주지 않는다고 한다.

"아빠, 어때요?"
"멋있구나."
"그럼?"
"뭘?"
"지금 사주시면 이 담에 돈 벌어서 갚을게요."
"그렇게 당한 부모들이 많다더라."
"아이, 아빠아~~~."
"나에게 하루 시간을 주면 어떻겠니? 생각해 보마."
"24시간?"
"24시간."
"좋아요."

저녁 먹는 시간.

"저 말이다. 이제 겨울도 곧 가고, 너는 크는 몸이니 지금 새 옷을 사기 보다는 뭐든지 있는 외투로 그냥 겨울을 나는 것이 어떻겠니?"

"네? 겨울이 아직 두세 달은 남았는데요, 아빠."

"아니다. 날씨 하는 꼴을 보니 3월엔 더울 거다. 그 대신 아빠가 제안을 하나 하겠다."

"뭔데요?"

"밥 먹으면서 들어라. 이 겨울을 그냥 지나면 여름에 그 외투 값의 두 배인 15만 원을 주마."

"그래요? 그거 구미가 당기는 제안인데요. 그런데 여름이 되어야 돈을 주시는 건가요?"

"그럼. 그런 배가 넘는 장사가 어디 흔하니? 더구나 밑천도 안 들이고."

"아빠, 그런데 아빠가 약속을 지킨다고 어떻게 보증하지요?"

"무슨 소리냐? 지금까지 아빠가 약속을 지키지 않은 적이 어디 한 번이라도 있었니? 섭섭하구나."

"아빠, 사람 속은 모르는 거잖아요?"

"그럼 손가락을 걸고 약속을 해주마."

"아빠, 그건 애들이나 하는 짓이에요."

"얘가 점점, 그럼 넌 애가 아니니?"

"저는 애지만 아빤 애가 아니니까, 불평등조약이 되기 쉬워요."

"아빠가 15만 원에 명예를 잃을 사람 같아 보이냐?"

"아빠, 저는 상대적으로 약자이기 때문에 조심스러울 수밖에 없어요. 이해해 주세요."

"알았다. 그럼 어떻게 하면 네가 마음을 놓겠니?"

"글로 써 주세요. 문서는 영원하거든요."

"알았다."

"지금 써 주세요."

"알았다. 원 녀석도 급하긴."

"모든 것을 정확하고 신속하게 해두는 것이 저의 사업 습관이죠. 아빠라도 이건 어디까지나 거래니까요."

"아이구, 이놈아 넌 아빠의 호의를 거래로 변질시키냐 그래."

"아까 아빠가 '남는 장사' 어쩌구 하셨잖아요? 너스레 그만 떠시구요. 써 주세요."

"알았다."

"그런데 아빠, 이왕 호의를 베푸시는 김에 좀 더 너그럽게 하시지요."

"무슨?"

"7만 원은 지금 주고, 8만 원은 여름에 준다. 뭐 이런 식으로요."

"아니, 7만 원을 지금 받아서 뭘 하게?"

"내일 가서 그 코트를 사게요."

"어이구." (밥상 밑으로 굴러 떨어지는 볼펜!)

어른들의 생각은 경험과 이성적 판단에서 다듬어져 나온다. 아이들의 생각은 충동과 튀는 순발력에서 나온다. 어른과 아이는 중간에서 만날 필요가 있다. 서로가 웃으면서 중간지대에서 만날 수 있다면 우리 가정과 사회는 웃음 넉넉한 공간이 될 것이다. 이야기는 우리를 중간지대에서 만나게 하고 사랑하게 한다. 아이들과 이야기를 많이 하는 부모는 좋은 부모이다. 그들은 행복하게 될 것이다.

웃음은
발전소다

인생을 살다 보면 자아에 상처를 입고 소중히 가꾸어온 이미지를 다칠 때가 많다. 그럴 때 치료제는 웃음과 이야기다. 눈물도 한 몫 한다. 실컷 울고 나면 후련해진다. 암환자에게 깔깔 웃는 것이 치료에 크게 도움이 된다고 해서 웃음치료를 하는 곳도 있다.

웃음은 저장해 둘 수 없다. 웃음은 저장해 두면 죽어 버린다. 웃음이 나올 때마다 바로바로 웃어야 웃음이 이어지고 풍성해진다. 웃음은 건전지가 아니라 발전소이다. 지금 웃어야 한다. 웃을 수 없는 환경에 처해 있더라도 지금 웃으면 어려운 상황을 이기는 데 도움이 된다.

영화 〈역도산〉을 본 적이 있다. 영화가 사실대로인지, 역도산이 정말 그랬는지, 뭐 이런 질문들은 접어 두자. 영화는 영화가 가는 길이 있고 감독은 재료를 적당히 요리할 수도 있다. 소설도 그렇다. 《다빈치 코드》는 소설인데 그것을 '사실'로 혼동하여 '진실'이라고 생각하는 독자들이 '난리'를 친다. 어떤 신문에는 '무조건 믿는 예수 신자들에게 경종을 울린 책'이라는 어이없는 서평이 실린 것도 보았다. 그럴 듯하게 꾸며 놓은 이야기를 진실이라고 착각하면 그런 서평도 막무가내로 쓸 수 있을 것이다.

〈역도산〉에 대해서도 일단 영화는 영화의 장점으로 볼 수 있어야 한다고 쳐 두자. 영화 내용 중 이런 대목이 나온다. 역도산은 세상에서 가장 많이 웃는 사람이 되고 싶다고 하였다. 홀대 받는 조센징이라서 마음대로 웃지도 못하는 삶을 살았기에 성공하여 크게 웃고 싶었다는 말이다. 그는 제자 김일에게 고향에서는 많이 웃었는데 일본에 와서는 웃지 못했다고 말하였다.

결국 그는 레슬링에서는 승리하였으나 별로 웃지 못한 인생을 살고, 괴한의 칼을 맞아 서른아홉에 죽고 말았다는 것이 영화의 결말이었다. 착하고 헌신적이고 단아한 아내를 얻고도 그 아내와 명랑하게, 흐뭇하게, 또는 신나게 웃으며 이야기하는 장면을 한번도 보여주지 못한 역도산이었다.

영화와 현실이 오버랩되었다. 일반적으로 보면 한국 사회는 속히 후련한 웃음이 별로 없다. 학교나 군대나 교회나 절이나 회사는 웃음을 증폭하기보다는 통제하는 곳이다. 어른 앞에서는 다리를 꼬고 앉을 수도 없고 우습다고 깔깔거리는 것은 방정맞은 일이다.

결국 웃음은 친구들 사이에서나 가능한 것이고 아니면 텔레비전에 나오는 만담이나 코미디 프로그램을 보면서 웃는 것이 고작이다. 한국에서는 웃음이 '높은 사람'의 전유물인 경우도 있어 주변 사람들은 그가 웃을 때 따라 웃는 척할 뿐이다. 또래 친구들이 아닌 사람들 속에서는 후련하게 웃는다는 것이 어렵다.

미국에 갔더니 그곳은 달랐다. 웃으면서 융화되는 문화였다. 사회의 아래층 사람들도 웃음만은 풍성하였다. 노예시대를 역사로 가졌고, 많은 경우 교육에서 소외된 흑인들도 노래와 웃음과 이야기에는 조금도 인색하지 않았다. 그런 웃음 속에 감추어진 저력이 흑인 대통령을 배출시키지 않았을까.

이스라엘 사람들 역시 웃음에서는 뒤지지 않는다. 유대인들의 해학, 조크는 깊이와 넓이가 있다. 험난한 역사를 겪어 낸 사람들의 후예들인 그들이 개발해낸 웃음은 지혜의 표현이며 삶에 생기를 주는 양념이기도 하다.

나도 외국에서 많이 웃었다. 어떤 때는 뜻을 잘 모르는 조크를 들은 후 자다가 그 진의를 깨닫고는 어둠 속에서 가가대소한 적도 있었다. 그리고 웃기기도 꽤 했는데, 지금 생각하면, 그냥 웃어준 외국 친구들도 많았을 거라고 생각한다. 말이 안 되는 얘기라서, 또는 발음이 우스워서 웃었거나 어쩌다가 진짜 우스운 소리를 해서 웃기도 했을 것이다. 하여간 외국 친구들을 많이 웃기긴 하였다. 외국에서 유머가 가능했던 가장 큰 이유는 미국인이나 영국인이나 이스라엘인을 웃기는 것이 한국인을 웃기는 것보다 훨씬 쉽기 때문이었다.

물론 역도산이 살았던 시대는 참으로 어렵고 비참하기까지 한 때였다. 일본인으로부터 조센징으로 천대 받던 시대에 어떻게 웃을 수 있겠으며, 역도산처럼 싸움꾼으로 얻어터지고 때리면서는 더욱 웃기 어려웠을 것이다. 그러니 많이 웃고 싶다는 그의 말도 이해할 만하다.

그러나 다시 유대인들의 역사를 살펴 보자면, 그들은 아우슈비츠를 비롯한 나치의 수용소에서 600만 명이나 학살되는 비극을 겪으면서도 웃음과 이야기를 잃지 않았기 때문에 살아남았고, 서양의 두 사상들 중의 하나인 헤브라이즘을 지속시키고 있으며, 세계의 정치, 경제, 과학, 예술 등을 주름잡고 있는 것이다.

역도산의 비애는 그런 면에서 아쉽다. 그가 웃음으로 조센징의 처지를 극복할 수 있었다면 자신의 성공을 많은 적들을 양산하는 데 허비하지 않았을 것이며 괴한의 칼에 요절하지 않았을 것이다. 그는 성공하고도 웃지 못하였기 때문에 자신을 도와주고 밀어준 일본인 칸노와도 절교하게 되고 말았다.

웃음과 이야기. 그것은 여유다. 절망의 틈바구니에서 살아나올 수 있는 여유는 웃음을 가진 사람에게 주어지는 선물이다. 역도산은 맹렬하게 성공을 향하여 치달았지만 그의 생은 불행하였다. 웃지 못했기 때문이었고, 여유가 없었기 때문이었다. 레슬링만이 아니라 웃음으로도 이겼더라면 역도산은 더 긴 생애를 값지게 살았을 것이다.

역도산이 성공의 정점에 있던 때, 아니 나락의 심연에 있던 때라도, 그 선한 아내와 함께 많이 웃고 이야기를 했었더라면, 그의 인생은 많이 달라졌을 것이다. 도대체 웃음도 없는 성공이 무슨 의미가 있단 말인가?

더 웃자. 역도산처럼 나중에 한꺼번에 크게 웃으려고 한다면 실패한다. 웃음을 저장하면 죽어 버린다. 고기도 먹어 본 사람이 먹는다는 말이 있듯이 웃음도 웃어 본 사람이 웃을 수 있다. 연습 없이 레슬링 챔피언이 될 수 없듯이 평소에 웃지 않는데 행복이 무제한 동거해줄 리 있겠는가. 웃음도 연습이다. 웃음은 발전소이다. 지금 웃자. 웃으면 암도 이길 수 있다.

원하는 것과
필요한 것
사이

　아이들을 기르는 부모는 무한히 주고 싶어 한다. 가난해서 주지 못할지언정 마음만은 모든 것을 해주고 싶고 사주고 싶다.
　주고 싶은 것이 대개 물건이나 물질인 경우가 많다. 어떤 심리학자는 자녀에게 죄책감이 있는 부모가 선물이나 물건을 잘 사준다고 하였다. 같이 있어 주지 못하고 같이 놀아 주지 못하거나 학대하거나 기타 어떤 죄책감이 있기 때문에 물질로 대치하려는 보상심리라는 것이다.
　그러나 비싸고 좋은 물건을 많이 준다고 해서 아이가 올바로 자라거나 행복해진다고 생각하면 오산이다.
　아이들의 마음속에는 세상을 살아가는 지혜와 능력과 용기를 담고 있는 상자가 있다. 부모는 그것을 조금씩 열어 줄 책임이 있다. 많은 물건들 속에 갇힌 아이들은 그 귀한 상자를 열어 볼 기회를 상실한 채 자라게 된다.

    나도 그 상자를 조금 열어 본 경험이 있다. 언젠가 아들이 어렸을 때 운동화를 사달라고 해서 산책을 겸해 동네 길가에 늘어선 신발가게들을 방문하였다. 아들이 집어 든 것은 유명 상표가 붙은 신발이었다.

"아빠, 이 신발로 사주세요."
"그건 엄청 비싼 건데……."
"우리 친구들이 다 이거 신어요."
"네가 '우리 친구들'이냐? 아빠의 아들이지."
"이 신발 안 신으면 왕따 당해요."
"그래? 그런 이유라면 왕따 당해도 괜찮지 뭐."
"왕따는 심각한 거예요."

아들은 선천성 신장병으로 온 몸이 심하게 부어 있는 날이 많아 왕따를 많이 경험하였다.

"넌 왜 남에게서 영향을 받기만 하니? 네가 남에게 영향을 끼칠 수는 없는 거냐?"
"신발 하나 사는데 그건 너무 어려운 얘기 같은데요?"
"신발 하나가 자라서 네 머리 위에 모자가 될까봐 그런다."
"아빠아~~~. 복잡하게 하지 말고 그냥 사주세요."

난 생각해 보자며 집으로 향했다. 집에 와서 아들과 슬슬 이야기를 시작했다. 비싼 명품 신발값이 가정경제에 미치는 의미, 재래시장에는 그것보다 10분의 1 값 정도 되는 신발이 있다는 것 그리고 비싼 것을 사면, 그것이 아빠의 월급과 시간에 어떤 관계가 있는지, 이야기 하고 묻고 대답했다.

우리는 서로의 생각을 더 잘 알게 되었다. 그리고 친구들로부터 압박감을 받지만 말고 역으로 그들에게 행사할 수 있으면 좋겠다고 나의 생각을 말했다. 아들도 열심히 자기 주장을 펼친 것은 물론이다.

"아빠, 그런데 문제는 재래시장에서 산 신발은 좀 빨리 해지잖아요? 명품 신발을 사서 오래 신으면 그게 그거 아닌가요?"

"글쎄, 좀 빨리 떨어지긴 하겠지만, 그래도 유명상표 신발 한 켤레가 재래시장 운동화 열두 켤레 값이니, 열두 켤레를 신는 동안에 그 한 켤레가 견디겠니?"

"그래요? 좋아요 그럼, 재래시장 것으로 사주세요. 그 대신 아빠가 돈 버는 데 드는 시간이 줄어드니 저랑 많이 놀아 주세요. 오케이?"

"오케이. 아빠의 요점은 이거다. 네가 필요한 것과 원하는 것 사이를 바로 분별하는 능력을 기르는 거다. 새 신발이 필요하다는 것은 인정한다. 그러나 비싼 명품 신발은 네가 원하는 거다. 재래시장에서 파는 값싼 운동화도 좋기만 하다. 그렇다면 너는 선택해야 한다. 이 경제난 속에 비싼 신발을 신을 것이냐 아니면 너의 필요를 충족하는데 충분한 재래시장 운동화를 신을 것이냐. 즉, 너는 필요한 것과 원하는 것 사이에 선을 그어야 한다. 물론 다른 요인이 너의 결정을 방해하고 있다. 그것은 너의 친구들 중 많은 수가 명품 신발을 신고 있기 때문이다. 네가 그것을 어떻게 해석하느냐에 따라서 너의 생활, 아니 너의 삶은 달라질 것이다."

"알았어요. 저는 재래시장 신발로 결정했어요. 하지만 한 달에 한 켤레씩 해져도 절 원망하지는 마세요."

"알았다. 그런데 너, 친구들한테 왕따 당하는 거 견딜 수 있냐?"

"영향을 받지만 말고, 오히려 영향을 끼치라면서요?"

"그게 아빠의 희망사항이지."

"기도해 보세요."

며칠 후, 아들은 귀가한 나에게 달려들 듯이 말하였다.

"아빠, 제가 아이들을 왕따 시켰어요."

"아니 네가 어떻게 혼자서 많은 아이들을 왕따 시켰니?"

"제가 그랬죠 뭐. 너희들은 부모를 괴롭히는 애들이다, 너희들이 비싼 신발을 신으니 부모님들이 돈을 더 벌어야 하고 그러니 너희들과 같이 있을 시간도 없는 거 아니냐? 라고 했지요."

"그랬더니?"

"으음, 그랬더니 애들이 기가 팍 죽던데요."

"그래?"

"네, 제가 또 그랬죠. 공부는 못하면서 신발이나 비싼 거 신고 부모님들 속이나 썩히면 다냐? 그랬더니 애들이 슬슬 도망가던데요."

"너 대단하구나. 결국 네가 애들한테 영향을 끼쳤구나. 아이구 네가 신은 재래시장 운동화에서 광채가 난다. 자랑스러워라. 아빠가 명품 신발 사주마. 하하하."

"아빠, 필요한 것과 원하는 것 사이에서 분별하세요!"

우리는 쓸데없는 것들을 사서 모아 놓고 산다. 이사를 해보면 그런 사실이 더 분명하게 느껴진다. 당장에는 필요한 것처럼 여겨지는 것도 다시 생각해 보거나 며칠 기다려 보면 다른 대안이 있는 경우가 있고 전혀 필요가 없는 것도 있다.

자녀가 무엇을 사 달라고 할 때는 물질 관리에 대한 교육을 할 수 있는 좋은 기회로 활용할 수 있다. 물건을 사줌으로써 아이를 만족시킬 수 있다고 생각하기 쉽다. 그러나 사실 알고 보면 이야기를 통한 부모와 자녀의 정신적인 교감이 아이를 만족하게 하고 행복하게 한다.

자녀는 원하는 것이 있을 때 부모에게 다가온다. 그때가 아이의 정서적인 욕구도 채워줄 수 있는 기회이다. 그 기회를 활용하면 아이가 원하는 것을 넘어 아이에게 필요한 것을 분별하는 능력을 길러줄 수 있을 것이다. 그것을 놓치면 안 된다. 두 말할 필요 없이 이야기를 하면 그것들이 다 채워진다.

2. 듣고 말하기

경청하면 좋은 일이 생긴다.
솔로몬은 왕이 되었을 때 경청하는
다스림으로 지혜를 얻었으나
나중에 듣는 마음을 잃자 나라가 망했다.
부모가 아이의 말을 경청하면 재능과 미래를 알아낼 수 있다.
선생이 잘 들으면 좋은 제자들이 나온다.
윗사람이 듣는 귀를 열면 살맛나는 사회가 된다.
퉁명스럽게 대답하지 말자.
잘 듣고 말하자. 성의있게 말하자.
웃음을 띠고 말하고, 진심으로 말하면 뜻이 통한다.

콩밭이
돌밭이 되다

　　　　　사람에게 일거리가 있다는 것은 큰 축복이다. 은퇴하여 하는 일 없이 놀던 사람이 갑자기 죽는 경우를 볼 때가 있다. 몸과 생각을 움직여 일하는 사람이 더 건강하게 산다고 한다. 아흔여덟 살 노인이 자기 일에 대해서 감사하고 기뻐하며 자전거를 타고 하니 건강 상태가 아주 좋다고 하는 기사를 보았다.5 그러므로 사람은 모름지기 자기가 하는 일에 대해서 기뻐하고 긍지를 가지는 것이 좋다.

　나는 30년 전쯤 이스라엘에서 유학을 하였고 90년대에는 예루살렘에서 근동고고학 교수로 교편을 잡았다. 성지聖地에서 그만큼 살았으니 복 받은 거라고 할 수도 있겠다. 유학시절, 월세가 싼 집을 찾아 돌아다니다 보니 여러 곳에서 살게 되었다.

처음에는 서西예루살렘의 신흥주택지인 '키리얏 요벨' 근처에 있는 '라맛 샤렛'이라는 동네의 작은 아파트에서 살았다. 그곳을 포함해 서예루살렘은 유대인들의 거주지로, 서양 여러 곳에서 온 갖가지 문화 배경을 지닌 유대인들이 살고 있었다. 그 속에 섞여 지내다 보니 그들이 살던 곳의 이야기나 민담도 들을 수 있었다.

그러다가 옮겨 간 동네가 예루살렘의 그 유명한 옛 도성Old City의 남쪽 성문인 덩 게이트Dung Gate 밖, 우리말로 하자면 쓰레기나 분뇨를 쳐내는 똥문 밖 비탈에 있는 마을이었다. 그곳은 기원전 1,000년 경 고대 이스라엘의 왕정 초기 시절 다비드 왕다윗 왕이 수도를 건설했던 원초적인 예루살렘 자리였기에, 옛 도성과 올리브 산과 키드론 골짜기가 어우러지면서 옛 이야기들을 뿜어내는 곳이었다.

그 다음에 살게 된 곳은 베들레헴 어귀였다. 예루살렘에서 차를 타고 10분 정도 남쪽으로 내려가면 헤브론으로 가는 길과 베들레헴으로 가는 길이 갈라진다. 그 근처에는 유대인들의 족장들 중 세 번째 어른인 야곱의 아내 라헬이 묻혀 있는 무덤이 있다. 그 주변에는 올리브나무 밭이 펼쳐져 있었다. 바람이 불면 올리브나무의 가지들이 한쪽으로 쏠리면서 초록색 물결이 은회색으로 바뀌는 아름다운 장면이 끊임없이 연출되었다. 올리브 잎의 윗부분은 초록색, 밑 부분은 옅게 회색을 띠고 있어서 바람의 움직임을 따라 색이 바뀌는 장관이 일어나는 것이다.

그때는 버스를 타고 예루살렘으로 통학하였고 어떤 때는 셔룻히브리말로 '봉사', Service라는 뜻 또는 아랍어로 세르비스Service라는 뜻라고 불리는 합승택시를 타기도 하였다. 일곱 명이 탈 수 있는 합승택시는 승객들이 요금을 나누어서 부담하기 때문에 차비가 저렴하였다.

베들레헴 입구인 우리 동네에서 예루살렘으로 2분 정도 가다 보면 왼쪽으로 '탄 투르'라는 연구소가 있고, 오른쪽으로는 완만한 비탈이 이어지면서 작은 돌들이 마치 수천 대의 트럭으로 실어다 놓은 것처럼 많았다. 길고 넓은 비탈이 온통 작은 돌들로 덮여 있으니 특색 있는 전설이 있을 듯하였다. 그 지방 사람들을 통해 거기에 잔돌들이 왜 그리 많은지 알려 주는 민담民譚을 들었다.

어느 날 예수가 제자들을 데리고 그곳을 지나가는데, 농부가 콩밭을 매고 있었다. 땡볕 아래에서 땀을 흘리며 일하는 농부에게 예수가 물었다.

"올해는 무슨 농사를 지으시나요?"

농부는 예수를 힐끗 보고는 퉁명스럽게 대답했다.

"뭐 특별한 거 아니요. 돌 농사를 지어요."

그 말을 들은 예수가 대답하였단다.

"그럼 올 가을에는 돌을 추수하게 되리다."

그 해 가을에 그 농부가 콩을 추수해 보니 모든 콩깍지 안에 잔돌들이 들어 있었다고 한다. 그래서 지금까지도 잔돌들이 그곳을 덮고 있다는 이야기이다.

더위 속에 밭일을 하느라 고생스러운데 말을 거니까 귀찮았는지, 아니면 자기 일에 짜증이나 불만이 컸는지 농부는 돌 농사를 짓는다고 말했고 결과적으로 그렇게 하였다는 민담이다.

우리는 현실에 불만이 있거나 남에 대한 진심과 정성이 부족할 때 경솔하게 말하기 쉽다. 그것이 큰 실수가 될 때가 있다. 그러나 일이 잘 되고 물질이 풍요로울 때에도 오히려 더 조심해야 한다. 분수를 알고 이상이나 안목을 높은 곳에 두고 살면 잘 못 말하여 그르치는 실수를 저지르지는 않을 것이다.

> 분수에 맞지 않는 복과 까닭 없는 얻음은 조물주의 낚시밥이 아니면 곧 인간 세상의 함정이다. 이런 곳에서 안목을 높이 두지 않으면 그 술책에 빠지리라.[6]

일을 한다는 것은 축복이다. 그러므로 일이 힘들다고 퉁명스럽게 말하면 안 된다. 그런 식으로 말하는 것은 그런 식의 생각을 가지고 있기 때문이고, 결국은 돌을 추수하게 되는 것이다. 말한 대로 되는 경우가 많다. 그러니 힘들다고 아무 말이나 하지 말고 참되게 말해야 한다. 그리고 일은 좋은 결과를 기대할 때 실제 결과도 좋게 나올 수 있다.

하는 일이 땡볕 아래에서 콩밭을 매는 것처럼 힘들지라도 그 일을 하는 마음까지 돌 농사를 짓는 것처럼 되어서는 곤란하다. 최소한 노동의 즐거움이라도 누릴 수 있어야 한다. 차라리 금金을 심고 있다고 말했더라면 그 농부는 금덩이들을 수확하였을 것이다. 잘 듣고 잘 대답하는 것이 중요하다.

듣는 귀를
닫았을 때
솔로몬은 망했다

　　　　　　타인의 말을 경청하는 것이 중요하다. 경청하면 지혜를 얻을 수 있고 좋은 일이 생긴다.
　모든 직업인은 자기의 지지율이 올라가기를 바란다. TV에서는 시청률이 올라가면 좋아하고 정당은 지지율이 올라가면 좋아한다. 교육감 같은 교육행정가도, 심지어는 사제나 목사도 자기 지지율에 관심을 갖는다.
　더 나아가 독재자들도 지지율에 대해 민감하다. 독재자가 민중을 탄압하는 것도 지지율이 두려워서 그런 것이다.
　지지율은 대중의 마음이다. 대중의 마음을 잡으려면 대중의 목소리를 잘 들어 봐야 한다. 내가 아닌 남이 여러 명이 되면 대중이 된다. 대중의 소리에 귀를 기울여서 최고의 지지율 – 하늘과 땅의 지지율 – 을 기록했던 사람이 있다.

솔로몬은 지혜가 뛰어난 왕이었다고 알려져 있다. 두 여자가 3일된 갓난 사내아이 하나를 두고 서로 자기 아이라고 우기며 재판을 요구한 적이 있었다. 두 여인들이 송사하는 이야기들을 듣고 있는 솔로몬 왕의 옆에 시립한 신하들은 진땀을 흘리고 있었다.

과연 이 난제를 어떻게 풀 것인가? 그러나 솔로몬은 장검長劍을 대령하라고 명령하였다. 신하가 장검을 가져오자, 아이를 둘로 쪼개서 반쪽씩 두 여인들에게 나누어 주라고 명령하였다.

그러자 한 여인이 대경실색하며 반응하였다.

"왕이시여, 그 아이를 쪼개지 마시고 저 여자에게 주소서. 제발 아이를 죽이지 마소서!"

이 여자는 그 아이의 어미라서 아들이 죽을까봐 마음이 불붙는 것처럼 안타까웠다.

다른 여인은 태연하게 말하였다.

"좋습니다. 내 것도 되지 못하고 저 여자의 것도 되지 못하게 그 아이를 반으로 나누소서."

솔로몬 왕의 말은 명료하였다.

"아이를 죽이지 마라. 아이를 살리라는 여자가 어미이니 아이를 그에게 주라."

이 사건은 유대인들의 책이며 기독교의 경전인 구약성경에 기록되어 있다.열왕기상 제3장.7 그 기록의 마지막 절을 읽어 보면 온 나라의 백성들이 솔로몬 왕의 심리審理와 판결의 지혜로움을 알고 솔로몬을 두려워하게 되었다고 한다.

솔로몬은 어떻게 하여 신神의 지혜를 가지게 되었는가? 그 판결 사건이 있기 직전의 기록을 읽어보면열왕기상 제3장, 왕위에 오른 솔로몬은 야웨 신에게 성대하게 제사를 지내면서 권력이나 부나 영광이 아니라 오로지 지혜, 한 가지를 달라고 기도하였다고 한다.

"저에게 지혜로운 마음을 주셔서 선과 악을 잘 분별하여 백성들의 송사訟事를 재판하도록 하소서!" 이것이 그의 기도의 요지였다. 그가 어마어마하게 제사를 드린 것은 그의 소원이 그만큼 간절하였기 때문이었다.

솔로몬이 구한 '지혜로운 마음'이란 무엇인가? 사람들은 솔로몬이 자기의 신 야웨에게서 구한 것이 '지혜'라고 한다. 한글성경 번역에도 그렇게 되어 있다. 그러나 성경의 원문인 히브리어 본문을 보면, '레브 쇼메아'라고 적혀 있다. 레브는 마음, 심장이고 쇼메아는 들음, '듣고 있음'이라는 뜻이다.

그러므로 레브 쇼메아를 직역하면 '듣고 있는 마음'이라는 뜻이 된다. 즉, 솔로몬이 야웨 신에게 구한 것은 '지혜'가 아니라 '듣고 있는 마음'이었다. 지혜는 잘 듣는 데서 비롯된다는 뜻이다. 솔로몬이 정치를 시작할 때 남의 사정을 듣는 마음이 충만했다는 의미도 된다. 잘 듣고 나니 적절하고 탁월한 판단을 할 수 있었던 것이다.

솔로몬의 기도를 들은 신은, 그가 장수長壽나 부귀나 적에 대한 승리를 구하지 아니하고 오직 백성들의 송사를 잘 재판할 수 있게 해 달라는 것이 기특하여 그에게 놀라운 지혜를 주었다고 한다.

> 더구나 하나님께서 솔로몬에게 지혜와 슬기를 한없이 주셨으므로 그의 박식하기가 바다의 모래벌판 같았다. 솔로몬의 지혜

는 동방의 어떤 사람도 따를 수 없었고 지혜 있다는 이집트의 누구도 따를 수 없었다.[8]

그는 두 여자의 말을 참으로 주의 깊게 듣고 분별하였기에 놀랍도록 현명한 판결을 할 수 있었다.

그 다음에 이어지는 이야기는 솔로몬에게 여러 나라들이 조공을 바쳤고, 그의 왕국에는 태평성대가 이어졌고, 시바의 여왕이 예루살렘까지 솔로몬 왕을 찾아와서 조공을 바쳤다고 한다. 시바가 어디인지 학문적으로 논란이 많으나, 아프리카의 에티오피아 사람들은 자신들이 시바의 여왕과 솔로몬 왕 사이에서 출생한 왕손의 후예라고 주장하고 있다. 지금의 이스라엘에 에티오피아에서 데려온 흑인들이 많은 것도 이와 연관된 것이다.

기원전 968년쯤에 시작된 솔로몬의 40년 치세의 전반부는 지혜와 명철이 꽃핀 시대였던 것 같다. 그러나 솔로몬의 치세의 후반부는 내리막길로 가다가 결국에는 나라가 두 동강이 나서 망하고 말았다.

솔로몬이 한 일들 중에서 그의 몰락을 재촉한 것들을 훑어보면 이렇다. 솔로몬 왕은 자기의 신을 위하여 신전을 지었는데 건축 기간이 7년이었다. 그 다음에 그는 자기의 왕궁을 건축하는 데 13년을 들였다. 아무래도 왕궁에 부속건물이 더 필요하긴 하였겠지만 자기 지혜와 권위의 원천인 신보다 자기를 위하여 두 배나 되는 공역을 들인 것은 좀 지나쳤다는 생각이 든다.

솔로몬이 더 결정적으로 잘못한 것은 야웨 신이 엄격하게 금지한 다른 나라의 신들을 섬긴 것이었다. 왜 그리 되었는가? 그는 주변 여러 나라에서 여자들을 모아 들였다. 솔로몬의 궁에는 1,000명이나 되는 외국인 후궁들이 있었다고 한다.

자연히 그 이방 여자들은 자기들이 섬기던 신을 예루살렘에 와서도 섬겼으며, 솔로몬도 그 신들을 예배하였다. 야웨 신을 예배하던 예루살렘 신전 맞은편에 그 이방신들을 위한 신전을 지었다. 지금도 그 자리는 '멸망산' 이라는 이름으로 남아 있다. 그래서 성경은 이 한 마디로 솔로몬의 상태를 진단하고 있다.

솔로몬은 야웨 신 앞에서 온전하지 못하였다.9

솔로몬이 온전하지 못하게 된 이유는 이방 여자들과 함께 이방의 신들을 섬겼기 때문이다. 그런데 그가 외국 여자들을 후궁으로 들인 이유는 무엇인가? 결혼을 외국과 조약을 체결하거나 국가의 영향력을 확대하기 위한 수단으로 사용하였던 것이다. 그것은 또한 외국과의 교류에서 왕실을 배불릴 많은 재화들을 모을 수 있는 방법이었다.

솔로몬은 처음에는 부와 영광이 아닌 '듣고 있는 마음' 을 구하였으나, 결국에는 부와 영광을 추구하였고 그것 때문에 자기의 신을 외면하였다. 그의 아들이 왕위를 계승하였을 때는 외국의 신들을 섬기는 산당山堂들이 전국적으로 퍼져 있었다고 한다.

국내적으로는 백성들에게 과다한 세금을 부과하고 백성들을 부역負役에 동원하여 원성이 자자하였다. 그러나 그가 백성들의 고통을 줄이기 위해서 한 일은 아무 것도 없었다. 결국 백성들의 마음이 솔로몬을 떠나 버렸다.

이러한 상황에서 신이 솔로몬에게 해줄 것은 무엇이겠는가? 그러지 말라고 수차례 경고도 하였다. 그래도 솔로몬이 듣지 않자 놀랍게도 신은 솔로몬을 버린다고 선포하였다. 야웨 신은 솔로몬에게 대적할 자들을 일으켜서 주변 나라들이 솔로몬의 나라를 공격하게 하였다. 국내에서는 반역자들이 일어나게 되었고 그 중 이집트로 망명한 자를 이집트가 후원하여 결국에는 솔로몬의 왕국을 두 동강으로 갈라지게 했다.

솔로몬 왕국의 막판에 관한 성경 본문을 읽는 독자의 마음은 슬픔으로 가득 찬다. 그것은 백제의 의자왕이 당나라에 의해 망국의 군주가 된 것보다 더 슬프다. 왜냐하면 솔로몬의 왕국은 외적이 아니라 솔로몬 자신과 그의 아들 때문에 망하였기 때문이다.

솔로몬이 승하한 후 백성들은 그의 아들에게 세금을 줄이고 부역을 경감시켜서 백성이 진 무거운 멍에를 덜어 달라고 간청하였다. 그러나 그는 백성들에게 "나의 새끼손가락이 나의 아버지의 허리보다 굵으니 나는 너희에게 더욱 무거운 멍에를 메게 하겠고, 나의 아버지는 채찍으로 너희를 치리하였으나 나는 전갈로 너희를 징계하겠다"는 엉뚱한 답변을 하고 말았다. 그래서 이집트의 사주를 받고 있던 반란군이 봉기하여 영화롭던 솔로몬의 왕국은 기원전 928년경에 망하고, 솔로몬의 아들은 간신히 국토의 반을 유지하며 왕 노릇을 하였다.

'듣는 정치', '귀를 기울이는 정치'를 지향하던 솔로몬이 백성의 소리를 듣지 않고, 심지어 자기를 세운 야웨 신의 소리마저 외면한 채 엉뚱하게 부귀와 영화의 소리에 귀를 기울이기 시작했을 때 이미 그의 몰락은 진행되고 있었다. 그것을 보고 자란 아들마저 '듣는 귀'가 없어서 나라가 풍비박산된 것이다.

정치인의 지혜란 이런 것인가? 솔로몬의 지혜를 너무 높여 말하지 말자! 국민의 소리를 듣겠다는 자를 경계하자. 우리는 솔로몬의 집권 초기를 영광스럽게 말하고 있지만, 그의 집권 중기에서 말기가 어떻게 되었는지에 대해서는 전혀 말을 안 하고 있다.

지혜자의 대명사인 솔로몬도 결국 '듣고 있는 마음'을 버렸을 때 비참한 몰락으로 떨어졌다는 것을 크고 작은 지도자들은 명심해야 한다. '끝까지 듣는' 사람이 아쉬운 시대이다.

튀니지를 23년 간 지배한 벤 알리 대통령 정권에게 국민들이 들고 일어나서 민주화를 실현시킨 '자스민 혁명'은 독재자가 국민의 소리를 듣지 않다가 당한 비참한 결과였다. 이 혁명의 파도는 이집트로 번졌고 예멘, 오만, 리비아, 시리아, 요르단까지 퍼져 나갔으며, 다른 나라에도 영향력을 미칠 것으로 보인다.

이집트의 무바라크 정권은 결국 국민의 항거에 손을 들고 말았다. 무바라크 역시 '듣는 마음'이 없는 사람이었다. 언제가 이집트에서 총선이 있던 해 카이로에 갔더니 무장경찰들이 기관총을 들고 시내의 건물들 위에 늘어선 것을 본 적이 있다. 국민이 뽑아서 세운 사람들에게 '듣는 마음', 아니 '듣고 있는 마음'이 없는 것은 민주주의의 미스터리가 아닐 수 없다.

무산된
나의 파리 미술전

　　　　　　　　　　어린이에게는 재능이나 가능성이란 것이 있다. 재능이나 가능성이라는 것은 사람의 큰 자산이다. 그것을 일찍 발견하고 극대화시킬 수 있다면 한 인간의 삶은 어떤 큰 의미를 지닌 것으로 변화할 수 있다.

　음악, 미술, 운동, 학문 등에 놀라운 능력을 발휘하는 사람들은 어렸을 때 그런 재능을 발견하고 육성시킨 사람들이다. 반대로 그렇지 못한 때는 적성에 맞지 않는 것을 하느라 고민하며 일생을 보낼 수도 있다. 얼마나 많은 아이들이 주변의 몰이해와 무지 때문에 재능과 가능성을 박탈당하고 있는가?

　나는 어려서 그림을 잘 그린다는 소리를 많이 들었다. 초등학교에 들어가기 전인 어느 날 집 근처에서 그림을 그리고 있었는데 어떤 아저씨가 지나가다가 "이 동네에 그림 났구나" 하면서 크레용이랑 종이를 사라고 얼마간의 돈을 쥐어 주었다. 그때 진지하던 그 남자의 표정이 지금도 나의 뇌리에 남아 있다.

초등학교에 입학했을 때 담임선생님은 나에게 이것저것을 그리게 하여 교실에 붙여 놓았다. 교내 다른 곳에도 내 그림들이 나붙었다. 그런 날들이 학기마다 있었다. 교내 그림대회나 도내道內 그림대회 같은 데 가서 상도 받았다.

그러나 아버지는 그까짓 환쟁이 되어 봐야 배곯는다면서 못마땅해 하셨다. 그림 그려서 상을 받아 오는 날이면 반짝 기뻐하시다가도 환쟁이 되지 말라고 돌변하곤 하셨다. 아버지가 친구들과 약주라도 한잔 하신 날에는 "그림 그려서 뭐하냐?"는 타박이 유독 높았다. 아마도 친구분들이 그림 그리는 일을 부정적으로 말하고 그게 내게 환란으로 돌아오는 것 같았다.

난 조금만 더 크면 그림 그리지 말라는 잔소리가 없다는 파리로 가겠다고 생각했다. 선생님이 파리에는 그림을 그리면서 사는 사람들이 많고, 화가들은 그림전을 연다고 했다. 1950년대의 가원도우리 어머니는 강원도를 가원도라고 발음했다 산골 어린이였던 내가 파리가 어디에 있는지, 그림전을 어떻게 하는 건지 알 리 없었다. 그러나 나는 파리에서 미술전을 열 수 있을 거라고 확신하고 있었다. 보지 못하고 믿는 믿음이 진짜니까.

5학년 때 미술 선생님이 새로 왔다. 그 선생님도 그림을 잘 그린다고 나를 귀여워해 주었다. 어느 미술 시간에 그 선생님은 원근법으로 산을 그리는 기법을 가르쳐 주었다. 그리고 숙제를 냈다. 산을 그려 오라고.

화천 지나서 휴전선으로 가는 길목에 있는 내가 살던 동네에는 산밖에 없었다. 산, 산, 산······. 그 밑에 흘러가는 강물도 산의 위용 때문에 숨을 죽이고 조용히 흘러갔고, 강변에서 산 밑으로 이어지는 논들은 협소하여 그저 산을 빛내기 위한 소품 정도로 여겨질 정도였다. 그런 곳에 살고 있었으니 산의 강렬한 인상이 어린 나의 뇌리에 깊게 박혀 있었다.

그래서 나는 그 산들을 크고 넓은 도화지에 그렸다. 우리 집 앞에서 학교 가는 길목까지 뻗어 있는 산들의 연속······. 아, 얼마나 장엄하고 믿음직스럽고 그리고 두렵기까지 한 산들이던가.

그 다음 주 미술 시간에 선생님은 그림 숙제들을 받기 시작하였다. 농사일 돕느라고 못해 왔다는 애들은 회초리로 몇 대씩 맞았다. 나의 그림을 한참 보시던 선생님이 물었다.

"누가 그렸지?"

"제가요"라고 답했다.

선생님은 "아버지가? 어머니가?"라고 재차 물으셨다.

"아니요"라고 대답했다.

선생님은 "바른대로 말해"라고 다그쳤다.

"제가 그렸습니다"라고 약간 떨면서 대답했다. 그때 나의 뺨에서 불이 번쩍했고 나는 거의 정신을 잃었다. 선생님은 말을 이었다.

"거짓말을 하는 것은 남에게 숙제를 시키는 것보다 더 나쁘다."

그리고 그 다음에 무슨 훈계를 하셨는데 그냥 "웅— 웅—"거리는 소리로만 들렸다. 선생님은 내 말을 귀로 들었으나 응답은 주먹으로 했다.

그날 나는 그 그림을 쓰레기통에 처박았다. 그리고 다시는 그림을 그리지 않았다. 울지도 않았다. 아버지는 내가 철이 들어서 이제야 아버지 말을 듣는다고 좋아하셨다. 어머니는 애가 이상하다고 말했다. 그림도구 가지고 교내 미화작업 하러 오라는 선생님들에게는 이런저런 핑계를 대고 가지 않았다.

그리고 세월이 흘렀다. 나는 그림을 잊고 살았다. 어머니가 "어느 날 과객이 너의 그림을 보고 탄복했는데 너는 그때 호랑이를 그리고 있었다"는 말씀을 내가 어른이 된 후에도 가끔 하셨다.
우리 집에는 고물 사진기들이 스무 개쯤 굴러다닌다. 아내는 이사 갈 때마다 그것들을 챙기기가 번거로워 불평을 하곤 했다. 난 사진기들을 못 버린다. 이 담에 박물관 할 때 쓸 거라고만 말해 둔다.
아내는 "박물관, 무슨 박물관? 사진기 열댓 개가 박물관이 돼요?" 하고 묻는다. 못다 한 그림에 대한 사랑! 그 대안으로 사진에 집착했었나 보다. 나는 내 어린 시절의 죄수였고 포로였다.
그렇게 해서 나는 그림 그리기와 이별했다. 너무 얼얼한 이별이었다. 아니 너무 아득한 죽음이었다. 그림을 따라서 파리 미술전도 물 건너갔다. 멀리멀리 가 버렸다. 몇 해 전에 파리에 갔을 때, 개선문이 내 죽은 꿈의 무덤을 상징하는 비석으로 보였다. 아무에게도 말하진 못했지만……
애들을 패지 말라. 아이들이 하는 말을 경청하라. 아이들의 개성과 재능과 가능성을 박탈하는 말과 행동과 생각을 버려라. 그리고 그림 잘 그리는 아이가 있으면 절대로 누가 그렸느냐고 묻지 말라.
그냥 "참 멋있구나" 또는 "참 잘 그렸구나", 그 한 마디만 하라.

사병土兵은
사병私兵이
아니오

　　　　　　　　　사람이 있어 나라를 만들었으니 국민들은 공동으로 국가를 소유한 주인이다. 그런데 국가가 비대해지면서 반대현상이 생기고, 나아가 국가의 어머니인 국민들이 어려움을 당하는 수도 있다. 국가의 하부 조직들에 소속된 사람들이 국가의 이름으로 다른 사람들을 착취하거나 이용하는 잘못된 예가 지구 곳곳에 많이 있었다.

　얼마 전에 젊은 국무총리 후보로 각광을 받았던 사람도 직원들을 집안 일로 부렸다고 하여 청문회에서 어려움을 겪었고 후보를 사퇴한 적이 있다. 윗사람이 아랫사람을 대할 때는 민주사회에서 봉건사회로 역행하는 일이 없도록 조심해야 할 것이고 특히 국가의 공복公僕들이나 단체의 상사들은 더욱 명심해야 한다.

우리 아버지는 군인이었고 제주도에서 휴전선까지 옮겨 다니면서 근무를 하셨다. 내가 초등학교에 다닐 때는 휴전선 근방이 근무지였다. 마을이 여기저기 있었고 농사를 짓는 가족들과 군인 가족들이 섞여서 살았다.

군인 가족들은 흔히 민간인들 집에 세를 들어 살았다. 그때는 초가집이 대부분이었다. 아궁이에 장작이나 싸리나무로 불을 때서 밥을 짓고 그러는 동안에 방이 따뜻해지게 하는 온돌 방식이었다.

부대에서는 부대 밖에 거주하는 군인들에게 한정된 양으로 매달 식량 배급을 해준 것 같다. 그게 모자라면 군인들은 부대에서 쌀을 더 가져오곤 했다. 어머니가 쌀이 떨어졌다고 하시면 아버지는 쌀가게에서 외상으로 사다가 먹으라고 하셨다. 남들은 부대에서 잘도 가져다 먹는다고 어머니가 한탄하시면, 아버지는 단순하게 말씀하셨다.

"군량미軍糧米를 착복하는 놈은 영창감옥이오."

군인 가족들 중에는 사병들을 불러다가 머슴처럼 부리는 사람들이 많았다. 겨울이 다가오면 휴일에 사병들을 데려다가 산에 가서 싸리나무나 장작을 해 오게 하여 겨우내 땔감으로 사용하였다. 사병이 나와서 아이들에게 공부를 가르쳐 주는 집도 있었다.

아버지는 사병들에게 나무하는 일을 시키지 않으셨다. 어머니는 '몸빼'를 입고 동네의 주민들과 함께 산으로 싸리나무를 하러 다니셨다. 하루는 어머니가 여자가 나무를 하러 산비탈을 다니는 것이 얼마나 힘든지를 말씀하셨다. 아버지는 아무 말도 안하셨다. 어머니가 다른 장교들은 부하들을 시켜서 싸리나무를 해다가 쌓아 놓고 땐다고 하자 아버지는 그제야 한 마디를 하셨다.

"사병士兵은 사병私兵이 아니오."

아버지가 산골에서 근무하는 동안 어머니는 지게를 지고 싸리나무를 하러 다니는 일을 벗어나지 못하셨다.

아버지는 국가유공자셨다. 충무무공훈장과 화랑무공훈장을 받으신 전장의 사나이였다. 그런데 우리 집은 국가유공자 가족에게 주는 법적인 혜택을 받으려고 한 적이 없다.

아버지는, "혜택을 받으려고 나라를 지킨 것이 아니다. 나라를 지키다 보니 유공자가 된 거지. 그 이상을 바라면 매국노다. 전우들은 산야에서 까마귀밥이 되었는데 나는 살아 있으니 전우들에게 미안하지. 죽어 국립묘지에 묻히는 것만도 고맙지"라고 말씀하셨다. 얼마 전에 아버지는 국립묘지에 가셔서 돌아오지 않으신다. 거기 누워계신 것이 좋으신가 보다.

아버지는 박사학위도 없었고 유명하지도 않았다. 그러나 아버지는 내가 지금까지 만났던 어떤 교수보다 훌륭한 선생님이셨고 자기 말을 지킨 교관이셨다.

군대 내에서 정화淨化 조치들이 있었고 부정부패에 연루된 사람들이 벌을 받았지만, 아버지에게는 아무런 위험도 닥치지 않았다.

아버지가 어머니의 말을 들을 때 심정이 어떠했는지는 잘 모르겠지만, 아버지는 꼭 할 말을 한 것이었다.

말하는 의자들

　　　　　　　　우리가 가진 소유물들 중에는 버릴 수 없는 것들이 있다. 죽으면 다 버려질 것이지만, 자기 스스로는 버릴 수는 없는 그 무엇들을 누구나 한두 가지쯤은 가지고 있고 그런 것들이 때로는 삶의 공간을 특별하게 해준다.
　살다보니 살림살이에 의자들이 끼어들었고 의자마다 사연과 역사가 있다. 그것들은 방구석이나 사무실 한 쪽에서 나에게 말을 걸어온다.

양심良心의 의자

　미국에서 유학하고 있을 때, 나는 싸구려 인조가죽으로 된 거실용 의자와 발을 뻗어 올려 놓을 수 있는 발판이 한 조를 이루는 1인용 의자 세트를 사기로 했다. 대금을 지불한 영수증을 들고 전시실 뒤에 있는 창고로 의자 세트를 받으러 갔다.

물건을 내주는 직원이 내 영수증을 보더니 더 좋은 의자를 같은 값으로 사도록 해줄 테니 환불을 해 오라고 하였다. 대낮인데 그의 입에서는 술 냄새가 났다. 그 직원이 무엇인가 부정을 저지르고 있다고 생각을 하였으나 적극적으로 거절하지 못하고 망설였다. 그는 창고 앞에 대기해 둔 내 차의 뒷자리를 젖히고 고급 의자 하나를 싣기 시작하였다.

갑자기 "자알 한다"라는 소리가 들렸다. 깜짝 놀라서 뒤를 돌아봤으나 아무도 없었다. 나는 그 짧은 소리가 마음속에서 들려 온 것인지 귀로 들려 온 것인지 분간할 수 없었다. 이어 압축파일이 풀리듯이 "강원도 산골 놈에게 넓은 세상을 보게 했더니 쥐꼬리만한 영어실력으로 고작 한다는 짓이 부정부패냐?"라는 두 번째 소리가 나를 에워쌌다.

나는 그에게 내가 주문한 의자를 달라고 말하였다. 그는 투덜거리면서 실었던 것을 내리고 주문한 의자를 실어 주었다. 나는 유혹에 빠져 들었던 것이 부끄러웠으나 '그 목소리'가 나를 구해 준 것을 기뻐하였고 내가 그 소리를 거역하지 않은 것에 만족하였다.

집에 와서 아내에게 그 이야기를 했더니 아내는 단호하였다. '그 목소리'가 들리기 전에 애당초 거절했어야 했다고. 이제는 낡은 그 의자는 나에게 '그 목소리'를 상기시켜 주는 양심의 의자로 남아 있다.

학문學文의 의자

미국 시카고 대학교University of Chicago에서 8년을 허덕이면서 졸업의 문턱에 왔을 때, 고고학 전공으로 입학한 다른 동기들은 모두 중도 하차한 후였다. 주변에서는 학교의 황금색 문장이 새겨진 검은 의자를 '사선死線'을 넘은 기념으로 꼭 가지고 가야 한다고 부추겼다.

튼튼한 나무로 만들어진 그 의자는 나무색 팔걸이 외의 다른 부분은 새까만 색으로 칠해져 있고, 등받이에는 자랑스러운 모교의 문장紋章이 황금색으로 새겨져 있었다. 그 의자는 너무 비쌌다. 나는 그냥 이스라엘의 예루살렘 대학으로 교직을 얻어서 미국을 떠났다.

검은 의자는 내 기억에서 사라졌다. 신임 총장이 부임하였는데 아내가 그 댁에 가보자고 하여 무심코 따라갔더니 여러 교수들과 직원들도 와 있었다. 신임 총장이 나에게 말했다.

"당신은 행운아요. 당신의 아내가 이것을 당신에게 주려고 많은 노력을 했어요. 시카고 대학교의 기념품점과 공장과 우리 집을 거쳐 배로 두 달이 걸려서 결국 여기까지 왔어요. 그리고 지금 여기 모인 사람들은 다 당신의 아내 때문에 온 거예요. 나 때문에 온 게 아니라구요."

드디어 커다란 박스가 거실 한복판에 놓여지고, 그 속에서 나온 것은 다름 아닌 시카고 대학교의 검은 나무의자였다.

"와!" 하고 모두가 함성을 지르고 박수를 쳤다. 그 의자는 내 사무실에서 시카고 대학의 학풍을 저버리지 말고 끊임없이 공부하라는 듯이 지금도 나를 바라보고 있다. 나의 사무실을 방문하는 학생은 그 의자에 앉아서 나와 이야기를 하게 된다.

우정友情의 의자

어느 날 밤에 잊고 있던 사람에게서 전화가 걸려 왔다. 자기가 예루살렘에 왔는데 왜 나타나지 않느냐는 시비조의 전화였지만 사실은 반가운 박원근 목사였다. 그는 물리학자 출신으로 뒤늦게 신학을 공부해서 목사가 되었고 미국 샴페인에 있는 일리노이 대학교 근처에서 한국 유학생들을 위한 목회를 하고 있었다.

달려가서 만났더니 그는 호텔 로비에 큰 박스 하나를 대기시켜 놓고 있었다. 자신이 새 의자가 필요했는데 불현듯 내 생각이 나서 하나 더 사두었다가 성지순례 오는 길에 가져온 것이라고 하였다. 나는 할 말을 잃었다.

나는 지금 이 글을 쓰면서 그 의자에 앉아 있다. 15~6년이 지났는데도 그 의자는 아직도 새것 같고 우정에 대해서 말하고 있다. 나이 많은 친구가 나에게 보여준 우정 때문에 나는 늘 감격하며 산다.

회생回生의 의자

예루살렘에서 교수 생활에 익숙해지고 있던 어느 날 나는 동네의 쓰레기장 옆을 지나다가 버려진 의자 하나를 만났다. 좌석은 스프링 쿠션이 아주 좋았고 등판도 나무에 두툼하게 쿠션을 대고 천을 입힌 것이었다. 위엄이 있어 보이는 의자였는데 너무 낡아서 버려져 있었다.

나는 그 고물 의자를 실어다가 의자 재생공장에 맡겼다. 나무에 찌든 때를 완전히 벗겨 내고 새로 니스를 입혔다. 좌석의 스프링 박스는 조정을 하였고 새 천을 씌웠다. 등받이 쿠션도 갈고 새 천으로 감쌌다. 천은 갈색과 초록색 무늬가 어우러지면서 낚시를 주제로 한 그림이 있는 튼튼한 것이었다. 낚시는 내가 어려서 아버지와 자주 하던 취미였다.

그러느라 수백 달러의 비용이 들었다. 친구들은 새 걸 사지 뭐 하러 그러느냐고 했지만, 나는 지금 그 의자를 보거나 앉을 때 기쁨과 만족을 느낀다. 내가 가까이 가면 의자는 나에게 '고마워'라고 말한다.

역사歷史의 의자

 네다섯 명이 함께 앉을 수 있는 기다란 참나무의자에 대한 이야기이다. 좌석판과 등받이에 참나무 무늬가 아름답게 펼쳐져 있다. 좌석판과 등받이를 거의 직각으로 잡아 주는 옆판 두 개에는 참나무를 덧대어서 무늬를 새기고 팔걸이도 참나무를 덧붙여서 튼튼하고 아름답다.

 이스라엘 예루살렘에서 교수로 있을 때 나는 그 도시의 중심에 있는 '레호브 하네비임' 거리에 있는 교회에 자주 갔다. C&MA라고 하는 미국 교파에서 세운 교회인데, 이스라엘 내에서는 외국의 교파가 세운 최초의 교회라고 한다.

 1890년경에 지었다고 하는데, 현대 이스라엘이 건국되기 전이어서 아직 오토만터키 지배 시대의 법이나 규칙들이 지켜지던 때였다. 당시 관청에서는 교회 건축 허가를 내주지 않았다. 동네 주민들이 교회 안에 세례식용 욕조가 들어간다는 데 착안해, '터키 목욕탕'으로 건축 신청을 하라고 귀띔을 해 주어서 허가를 받아 지은 교회라고 한다.

 그 교회에 처음 갔을 때 결이 고운 참나무 판자 바닥과 그 위에 놓인 참나무 장의자들이 어울린 고풍스런 실내에 반했다. 그리고는 이런 장의자를 하나 사무실에 두고 싶다는 엉뚱한 생각을 하였다.

 그런데 3년 정도 지난 어느 날 그 교회에서 의자들을 다 뜯어내 마당 한가운데에 산더미처럼 쌓아 둔 것이 아닌가! 개인용 극장식 의자들을 들여 놓기 위해서였다. 역사적인 건물이 훼손된다는 사람들의 목소리는 무시되고 결국 의자는 교체되었다.

 교회 측에서는 참나무 장의자들을 팔려고 내놓았으나 임자가 나서지 않았다. 수개월이 지나자 누구든지 원하는 사람은 가져가라는 광고가 붙었다. 현대화라는 미명 아래, 편안함이라는 게으름 아래 얼마나 많은 아름답고 의미 있는 역사적 유산들이 파기되고 훼손되고 있는가? 나는 가끔 그 긴 의자의 울음소리를 듣는다.

일관성—貫性의 의자

어느 날 하남에 있는 재래시장을 다녀온 아내가 빛바랜 흔들의자를 가지고 왔다. 고물상에서 흔들거리고 있길래 사왔단다. 솜씨 좋은 아내는 말끔하게 청소해서 침대 옆에 놓고 흔들흔들 하면서 성경을 읽는다. 이 의자는 흔들거리며, "이게 내 일이야"라고 말한다. 자기가 태어난 목적과 사명에 참으로 일관성 있게 충실한 의자다.

이렇게 하여 모양과 성향이 다른 의자들이 우리 가족을 따라 다니게 되었다. 때 묻은 물건들이고, 돈 되는 것도 아니지만 사람은 자신에게 특별한 의미가 있는 물건과 함께 마음의 안정을 유지한다.

그리고 그것들의 이야기를 들으며 지나온 시간을 추억한다. 삶이 박물관은 아니지만 박물관은 우리의 우리됨을 상기시켜 준다.

3.

우리가
함께 사는
지혜

너와 내가 있기 때문에 이 세상은 의미가 있다.
혼자만 잘 살고 굳게 한 약속도 안 지킨다면
세상에 무슨 재미가 있겠는가?
싸우고 죽이는 것보다는
타협도 하고 협상도 하며 어깨동무를 하고
사는 것이 좋은 일이다.
상대방이 필요한 것을 주며 껴안는 협상을 해야 한다.
사람을 살려서 같이 사는 협상,
상대가 잘 되게 하고 함께 사는 길을 걷자.

협상은 상대를 껴안는 것

　　　　　　　세상을 살다 보면 서로 부딪히는 일들이 생기곤 한다. 사람 사이나 나라 사이나 그런 일은 비일비재하다. 어울려서 같이 살자면 타협도 하고 협상도 해야 한다. 작은 것을 내어주고 다 함께 크고 좋은 것을 누릴 수 있는 통 큰 마음이 필요하다.

　이스라엘과 아랍 국가들 사이에는 언제나 불편하고 풀기 어려운 문제들이 산적해 있고, 유혈 사태가 벌어지기도 한다. 그러나 이스라엘과 이집트가 평화롭게 같이 살기 위해서 벌인 협상과 협력은 우리에게 좋은 가르침이 된다. 그 협상의 한 단면을 소개한다.

　1979년에 이집트는 사다트 대통령의 주도로 이스라엘과 평화협정을 맺었다. 그러나 이스라엘은 1967년 '6일 전쟁' 이후 점령하고 있던 시나이Sinai 반도에서 철수하지 않고 10여 년 동안이나 미적거리고 있었다.

그러다가 1982년 4월, 이집트와 이스라엘이 두 나라 사이의 관계를 정상화 하자는 협상을 하게 되었다. 회담 장소는 타바Taba 지역이었다. 타바는 이스라엘의 남쪽 항구 도시 에일랏에서 차로 잠깐 내려가면 만나게 되는, 이집트의 최전방이자 최북단 거점이었다.

이스라엘은 우파右派인 메나헴 베긴이 총리이었고, 협상에는 별명이 불도저인 극우파 국방장관 아리엘 샤론과[10] 아브라함 타미르 장군이 대표로 나왔다. 이집트 측의 협상대표는 이브라힘 무싸 장군이었다.

시나이 반도는 이스라엘 영토보다 세 배나 크고, 이미 이스라엘 정착촌들이 건설되어 7,000명이 넘는 유대인들이 거주하고 있었다. 알마 유전에는 당시 계산으로 1,000억 달러어치가 넘는 석유가 매장되어 있었고 그 정도면 이스라엘이 필요한 기름을 다 충당할 수 있는 분량이었다.

이스라엘 군대는 시나이에 수십 개의 조기경보망과 전략적 방어기지를 포함하여 170개가 넘는 군사시설을 구축해 놓고 있었다. 이집트 쪽에서는 이스라엘이 그 어떤 협상에도 응하지 않을 것으로 보였다. 더구나 극우파의 샤론 국방장관이 협상 지휘를 하고 있는 판이었으니 회담의 전망은 극히 불투명해 보였다.

양측의 협상안들 중에서 가장 크고 민감한 문제는 타바와 에일랏 사이에 국경선을 긋는 것이었다. 당연히 이집트는 타바에서 좀 더 북쪽으로 올려 긋기를 원하였고, 이스라엘은 에일랏에서 좀 더 남쪽으로 내려서 타바 쪽 가까이에 긋기를 주장하였다.

회담은 제자리걸음을 벗어나지 못했고 다들 불편한 관계에 놓여 있었다. 교착상태의 회담이 수렁에서 빠져 나온 것은 이스라엘 측이 아무도 예상하지 못한 선의善意를 실행하였기 때문이었다.

역사책에 기록되지 않은 이야기는 이렇다. 캄캄한 밤에 이스라엘군은 임시로 국경선을 표시한 돌들을 이집트 대표가 원하는 만큼 자기 나라 이스라엘 쪽으로 올려서 옮겨 놓았다. 이집트가 원하던 것을 이스라엘이 몰래 해준 것이다. 아리엘 샤론 국방장관이 이 엄청난 일을 질러 버린 것이었다.

날이 밝았을 때 옮겨진 돌들을 보고 이집트 대표는 도저히 믿을 수가 없었다. 그러나 국경을 표시하는 돌들은 분명히 이스라엘 쪽으로 더 올라가서 놓여 있었다. 이스라엘의 평화공존에 대한 진의를 알게 된 이집트 대표들은 얼굴에 웃음을 가득 띠고 이스라엘이 원하는 협상안들에 찬성하기 시작하였다.

마침내 4월 25일 이스라엘은 샤론 국방장관의 지휘 아래 시나이에 있는 유대인 정착민들을 이스라엘로 철수시켰다. 4월 26일에는 이스라엘군이 시나이 반도의 대부분에서 철수하였고 이집트는 시나이 반도를 돌려받았다. 여러 가지 절차를 거치면서 결국 이스라엘군은 시나이에서 완전히 철수하였고, 이스라엘과 이집트는 평화시대로 진입하여 지금까지 우호관계를 유지하고 있다.

타바에는 이스라엘 사람이 지은 힐튼 호텔이 있었는데 이 협상으로 이집트 소유가 되었다. 주인은 보상을 받았고, 이스라엘 사람들은 이집트 국경을 지나서 힐튼 호텔에 가곤 하였다. 필자가 이스라엘에 유학하던 80년대 초에 타바 힐튼 호텔에 가 본 적이 있는데, 이스라엘 사람들이 아쉬워하는 말을 들었다.

왜 이스라엘 측 협상 책임자들은 자기 나라 땅으로 돌들을 옮겼을까? '우리는 좋은 사람들이며 당신들과 영구한 평화를 원한다' 라는 진심을 알리고 싶었던 것이다. 땅을 좀 더 양보하여 그 마음을 보여 준 것이다. 그 일을 전혀 예상 밖의 사람, 극우파이며 강경파인 아리엘 샤론이 해낸 것이었다.

그런 결정을 해낼 만큼 샤론은 국민의 신뢰를 얻고 있었고 배짱과 경륜도 두둑하였다. 또한 이스라엘이 시나이 반도를 차지하기 전의 국경선에 대한 이집트의 견해를 수용할 수밖에 없었다는 당위성도 국민들이 이해한 것으로 생각된다. 샤론은 싸울 때와 평화로 나아갈 때를 분별할 줄 아는 사람이었다. 때를 아는 것이 같이사는 지혜이기도 하다.

  범사凡事에 기한이 있고 천하만사에 다 때가 있나니
  날 때가 있고 죽을 때가 있으며
  심을 때가 있고 심은 것을 뽑을 때가 있으며
  죽일 때가 있고 치료할 때가 있으며
  헐 때가 있고 세울 때가 있으며
  울 때가 있고 웃을 때가 있으며
  슬퍼할 때가 있고 춤출 때가 있으며
  돌을 던져 버릴 때가 있고 돌을 거둘 때가 있으며
  안을 때가 있고 안는 일을 멀리 할 때가 있으며
  찾을 때가 있고 잃을 때가 있으며
  지킬 때가 있고 버릴 때가 있으며
  찢을 때가 있고 꿰맬 때가 있으며
  잠잠할 때가 있고 말할 때가 있으며

> 사랑할 때가 있고 미워할 때가 있으며
> 전쟁할 때가 있고 평화할 때가 있느니라[11]

근래에 작고한 타미르 장군은 《평화를 위하여 싸우는 군인》이라는[12] 책을 내어 군인의 사명이 싸움이 아니라 평화임을 상기시킨 적이 있다. 상대방이 좋은 사람들이며 진심이 선하다는 것을 알고 나면 사람은 그 상대를 껴안을 수 있게 된다. 주고받는 것이 평화로 가는 길을 만드는 방법이다.

협상의지는 주고받는 것을 유연하게 조정할 수 있는 능력을 말한다. 그 후 29년이 지난 지금까지 이스라엘과 이집트는 교역이나 여러 관계에서 좋은 관계를 유지하고 있다.

두 나라의 협상은 이스라엘과 아랍 나라들이, 아니 누구든지 평화롭게 공존할 수 있음을 보여주는 역사의 명장면이다.

약속은
지키세요

　　약속을 하는 기초는 신뢰다. 서로 믿을 수 없다면 약속 같은 것은 애초에 하지 않을 것이다. 행정중심복합도시세종시를 원안대로 추진하네, 수정하네로 정치권이 무척 뜨거웠다. 문제는 정치인들이 표를 얻기 위해 특정지역의 유권자들에게 일방적인 공약을 했다가 말을 주워 담으려고 한 데서 커졌다.

　　공약公約은 약속인 것이다. 우리는 이러한 약속 맺기와 약속 깨기를 사회의 모든 영역에서 경험하고 있다. 약속을 지키지 않는다면 사람 사이의 관계는 깨어진다. 약속을 신중하게 하고 한번 한 약속은 잘 지키면 사회를 안정시키는데 많은 도움이 된다.

　　약속을 지키는 습관은 가정에서 시작해야 한다. 아이들에게 약속한 것은 반드시 지킨다는 것이 나의 습관이다. 무엇을 사준다고 했거나 어디를 같이 간다고 했거나 무슨 일을 한다고 하였거나 일단 약속한 것은 지킨다.

때로는 이것이 족쇄가 되어서 나를 옭아맬 때가 있다. 아이들이 기특해서 느슨한 마음으로 무엇을 약속해 주었다가 나중에 보니 그게 그럴 일이 아니었다는 생각이 드는 경우도 있었다.

어쨌든 한번 약속을 했으면 지켜야 하는 것이다. 그게 산 교육이 되어 아이들도 부모에게 약속한 것은 반드시 지켜야 하는 것으로 알고 산다. 그러면 그 습관이 사회에 나가서도 약속을 신중하게 하고 잘 지키는 사람이 되게 하는 것이다.

나는 어렸을 때 강원도 산골 휴전선 근처에서 살면서 초등학교를 다녔다. 여름에는 산에서 머루, 다래를 따고 더덕이나 도라지도 캤다. 강에서는 낚시질로 물고기를 잡았다. 겨울에는 산에서 토끼를 쫓아다니고 강에서 썰매를 탔다. 거의 모든 아이들은 판자 밑에 긴 나무 두 개를 대고 그 아래에 굵은 철사를 고정해 붙인 썰매를 탔다.

어느 날, 아이들은 썰매에 앉아서 두 손에 쥔 꼬챙이들로 얼음을 찍으면서 나아가고 있는데 한 아이가 목도리를 두르고 '칼스케또'를 타고 있었다. 그건 검정 구두 밑에 찬란하게 번쩍이는 스케이트 날이 붙은 멋진 스케이트였다. 그 아이는 동네 부잣집 아들인데 서울에서 공부를 하다가 방학이라서 내려왔다는 소문이 들렸다. 난 그 '칼스케또'가 타고 싶어서 잠이 안 왔다.

아버지는 근엄하게 말씀하셨다. 일등을 하면 사주겠노라고. 시간이 흘러 겨울이 다시 왔고 학교 성적은 아버지가 원하는 대로 되었다. 그러나 아버지는 돈이 없다며 그걸 사주시지 않았다.

나도 중년이 된 어느날, 나는 식사를 하다가 아버지에게 그 옛날의 스케이트 이야기를 꺼냈다. 아버지는 그런 일이 있었는지 전혀 생각이 나지 않는다고 대답하셨다.

나는 어찌 그럴 수가 있느냐고 다그쳤다. 느긋한 우리 아버지 말씀이, "그래서 네가 공부를 잘하게 됐으니 그게 얼마나 고마운 일이냐"는 것이었다. 내 얘기는 그게 아니라 '약속을 안 지키셨다' 는 것이었다. 아버지가 덧붙인 한 말씀에 나는 아무 말도 못했다.

"에—, 그땐 참 어려운 때였다. 그 칼스케또라는 게 참 비싸더라……."

생전에 어머니는 그 일을 이렇게 말씀하셨다.

"느이 아버지가 그걸 안 사준 게 아니라 못 사준 거다. 뭐가 있었어야지."

아버지가 약속을 안 지키셨다는 것이 나에게는 어린 날의 상처가 되었다. 만약에 아버지가 그때 어린 나에게 아버지의 형편을 이야기해 주시고 나를 이해시켰다면 그 일이 상처가 아니라 좋은 추억이 되었을 것 같다.

성경에는 인간과 한 약속을 철저히 지키는 것을 야웨 신神의 속성 중 하나로 꼽고 있다.

> 아무리 어려워도 지켜진 당신神의 약속, 나에게는 그 약속이 소중합니다.[13]

약속을 잘 지키는 사회는 신神의 질서가 있는 곳이다.

당신이
특별한
사람입니다

          2009년 5월 23일 아침, 우리 가족은 조금 들떠 있었다. 그날 저녁 KBS 방송국 홀에서 열릴 음악회에 딸 수지Susie가 바이올린 연주를 하게 되어 있었다. 그 음악회에는 이 대통령 부부도 참석하기로 되어 있었다.

  KBS에서는 열네 살 수지를 바이올린 연주로 초대하였다. 생후 여섯 달 만에 입양되었고 네 살 때부터 바이올린으로 꾸준히 발전하고 있는 수지가 어려운 처지에 있는 아이들에게 큰 용기와 희망을 줄 수 있다는 얘기였다. 수지는 이미 KBS 교향악단과 몇 차례 바이올린 협연을 하였고 해외에서도 인정을 받고 있었다. 수지는 월드 비전의 희망대사도 맡고 있었다. 미국에 나가 있던 수지를 귀국시켰다.

  날씨가 궁금해서 TV를 켰다. 퇴임하여 낙향하였던 노무현 전 대통령이 그날 아침에 자기 집 뒷산 언덕에서 뛰어내렸고 생사를 확인중이라는 참으로 믿기 어려운 뉴스가 터져 나왔다.

전화가 걸려 왔다. 그날 열릴 KBS 방송국 음악회는 전임 대통령의 일 때문에 진행할 수 없을 것 같다고 했다. 한낮이 가까워 오자 KBS에서 다시 전화가 왔다. 이 음악회는 오락이 아니라 사회봉사를 위한 것이라 진행을 하기로 했으니 수지는 지정한 시간에 와 달라고 했다. 다만 국가적인 불상사를 당해서 대통령 부부는 음악회에 참석할 수 없게 되었다는 말이 부연되었다.

수지가 음악회에 출연하지 않겠다고 했다.

"수지, 오늘 연주회는 진행된단다."
"가고 싶지 않아요."
"왜?"
"이런 불행한 날에 음악회를 한다는 것이 좀 그래요. 뭐가 뭔지는 모르겠지만, 전임 대통령이 자살을 할 정도로 나쁜 일이 있는 것 같고, 또 어른이 돌아가셨는데 음악회를 한다니 옳지 않은 것 같아요. 장례식 음악이라면 모르겠지만."

그래서 이 음악회의 성격이 춤과 노래를 즐기기 위한 것이기보다는 봉사적이라는 것에 대해서 얘기를 했다.

"아빠, 그래도 난 나가고 싶지 않아!"
"왜?"

"음, 왜냐면 특별하지 않으니까."

"그건 무슨 뜻이지?"

"아빠가 대통령 부부도 참석하는 특별한 음악회니 귀국하라고 했잖아요?"

"그건…… 내가 그랬지."

"그런데 특별한 분들이 참석을 못하니 특별하지 않은 모임이잖아요? 그래서 안 갈래요."

부모는 아이들에게 말을 무심코 하기도 하고 신나서 하기도 하고 화가 나서 하기도 하지만, 그 말을 아이들은 마음에 담아 둔다.

"그런데 말이야, 수지."

"네, 아빠."

"누가 더 특별한 사람일까?"

"무슨 말이죠?"

"돌아가신 전임 대통령과 현직 대통령과 바이올리니스트로 초대받는 수지 가운데 누가 특별한 사람일까? 최소한 오늘의 음악회와 관련해서."

"아빠, 무슨 말인지 모르겠는데요."

"그러니까 오늘 저녁에 있을 음악회에 관해서만 생각을 해보면, 음악회가 누구 때문에 특별해지는지 그림이 그려질 것 같아서 하는 말이지."

"전 모르겠는데, 설명을 좀 해주세요."

"그래, 돌아가신 전임 대통령은 이 음악회와 무슨 상관이지?"

"상관은 없어요."

"그렇지. 상관없는 분인데 돌아가셨기 때문에 이 음악회에 영향력을 끼쳤지. 그래서 현직 대통령 부부께서 이 음악회에 오시지 못하게 된 거지. 그렇지만 이 음악회와 돌아가신 전임 대통령은 상관이 없지."

"네."

"그렇다면 네가 현직 대통령 부부께서 참석을 안 한다고 해서 이 음악회가 특별하지 않다는데, 과연 그럴까? 자 우선 이것은 무슨 모임이지? 각료회의? 장관회의? 정치 모임?"

"아뇨, 음악회죠."

"음악회? 그럼 네가 참석을 안 하고 이 대통령께서 참석을 하시면 바이올린을 연주하실 수 있을까? 즉, 음악회가 진행될 수 있을까?"

"그건, 안 되겠죠."

"그럼 이 대통령께서 참석을 안 하시고 네가 참석을 하면?"

"그야 음악회는 진행될 수 있겠죠."

"그럼 이 음악회에 관한 한 누가 중요한 사람이지?"

"음, 무슨 말인지 알겠어요. 제가 중요하네요. 호호호."

"그럼 네가 중요하지. 네가 안 간다면 오늘 음악회는 망치게 되는 거지."

"네."

아내는 수지가 연주할 때 입을 드레스니 뭐니 챙겨 놓았던 것을 들고 나왔다. 우린 차에 올랐다. 수지가 물었다.

"근데, 아빠. 대통령이 참석하시니 특별하다고 한 건 어떡하실래요?"

"으응? 그건…… 언제 아빠가 정확한 말만 하더냐? 그냥 그렇다는 말이지. 용서해 줘라. 누가 전직 대통령이 돌아가실 줄을 알았나 뭐."

"아빠, 다음엔 먼저 생각하고 말하세요."

"그래, 알았다, 알았어."

영상으로 준비한 수지에 대한 소개에 이어 KBS 교향악단과 함께 수지의 바이올린 연주가 끝났다. 황수경 아나운서가 나를 무대로 불러냈다. 이것저것 물은 후에 황 아나운서는 입양에 대해서 몇 마디 하라고 주문을 했다.

"저는 음악적 재능이 없는데 입양을 했더니 음악 영재가 우리 집에 생겼습니다. 여러분들도 입양을 해서 가문의 모자람을 보완하세요."

청중은 박수와 웃음으로 반응하였다.

"그리고 낙태 문제와 고아원마다 넘쳐나는 아이들. 이 엄청난 사회 문제를 해소하는 데 입양보다 더 좋은 해결책은 없다고 생각합니다. 또한 혈연, 지연, 학연 등으로 갇혀 있는 우리의 폐쇄된 생활방식을 개선하고 서로가 서로를, 우리 모두가 서로를 용납하는 사회가 되는 특효약이 입양이라고 생각합니다."

연주회에는 유명 가수들과 유명인들도 출연하였다. 수지와 인순이 씨가 무대 뒤에서 사진을 같이 찍었다. 음악회는 그날 밤 늦게 녹화로 전국에 방영되었다. 전화가 걸려 오기 시작했다. 격려하거나 입양에 대해서 묻는 전화들이었다.

누가 오기 때문에 특별할 수도 있겠지만 당신이 왔기 때문에 특별하다고 믿기 바란다. 당신이 지구에 나타났기에 지구가 돌고 있다. 당신이 바로 특별한 사람이다. 더 특별한 사람을 찾으려고 두리번거리지 말자.

말죽거리
정면돌파

　　　　　　　사람은 살아가면서 자기 탓이든 남의 탓이든 여러 문제들과 만나게 된다. 그 문제들을 해결하는 방법은 여러 가지가 있다. 그 중에서 마치 소뿔을 잡고 정면대결 하듯이 문제를 정면으로 돌파하는 것도 좋은 방법이 된다. 물론 상황을 잘 파악해서 그렇게 할 것인지 말 것인지 판단을 해야겠지만 그 방법에는 장점이 있다.

　내가 중고등학교를 다닐 무렵에는 말죽거리가 서울에서 먼 변방이었다. 그때의 일이다.

　중고등학생 때는 에너지가 넘쳐서 노는 시간에도 가만히 앉아 있지를 못한다. 어느 날 쉬는 시간에 떼를 지어 장난을 하는데, 뭐가 어떻게 되었는지 누가 누구에게 손찌검을 했었나 보다.

다음날 그 반의 담임선생님이 엉뚱하게 나를 교무실로 불렀다. 맞은 아이의 이빨 몇 개가 흔들거리기 때문에 너는 이제 죽었다는 말씀이었다. 내가 그런 것이 아니라고 설명을 해도 선생님은 듣는 척도 하지 않았다. 그 선생님의 말씀을 듣는 동안 하늘이 좀 누렇게 변하는 기분이었다.

그런데 그 다음이 더 문제였다. 부모님을 모시고 와서 그 아이의 이빨을 치료해 주라는 것이었다. 교무실을 물러나오는데 앞이 보이지 않았다. 그날은 공부도 안 되었다. 집에 가는 길에 여학생들이 예쁘게 보이지 않았다. 어묵꼬치집 앞을 지나가는데 냄새가 안 났다. 같이 가는 친구들이 초점에 잡히지 않았다. 기차를 탔는데 전차를 탄 것 같았다. 당시에는 서울에 아직 전차가 있었다. 저녁밥은 대충 먹었다. 밤에 악몽을 꾸었다. 다음날 학교에 가는 것이 큰일이었다.

맞았다는 그 아이를 찾아내서 이가 얼마나 흔들리는지 물었더니 "좀 흔들리긴 하지만 별로 큰일은 아니야" 하는 것이 아닌가. 그런데 그 반 선생님은 나를 또 불러서 한다는 말씀이 "그 애 아버지가 아주 무서운 분인데 내일 너를 잡으러 온단다. 그러니 빨리 해결해라" 그러시는 것이었다. 그 애는 별거 아니라는데 그 아버지는 나를 잡으러 온다? 내가 한 일도 아닌데…….

오후 내내 수업이 내 머리에 들어올 리 없었다. "우리 아버지에게 맞아 죽는 것보다는 걔 아버지에게 당하는 것이 좀 나을지도 모른다"는 생각이 들었다. 그래서 나는 그 학생의 아버지를 만나기로 작정을 했다. 다시 그 애를 만나서 집을 찾아 가는 방법을 상세하게 물었다. 그 아이의 집은 말죽거리에 있었다.

나는 우리 반 담임선생님을 만나서 그 학생의 부모를 만나보겠다고 했다. 담임선생님은 책상을 탁 치시면서 "짜식, 남자답네. 정면돌파라 그거지! 한번 해봐. 오늘은 수업 끝나면 그냥 가봐" 그러시는 것이었다.

나는 버스를 타고 오래오래 갔다. 한편으로는 가는 시간이 영원처럼 길게 느껴졌고 또 한편으로는 버스가 서지 말고 영원히 그대로 가기만 했으면 좋겠다는 생각을 하였다.

그 애 아버지가 도리깨로 나를 내리치는 환상, 그 집 개가 나를 피투성이가 되게 물어뜯는 잡념, 이런저런 생각에 시달리다가 종점이라고 해서 내렸더니 그 애가 일러준 길이 보였다. 한참 가니 산 밑 언덕에 대문 두 쪽이 달린 기와집이 나왔다. 열린 문으로 들어갔는데 아무런 인기척이 없었다. 누런 큰 개가 마루 밑에 엎드려서 눈을 껌벅거리고 있었.

그 애는 보충수업을 하느라고 학교에 있었다. 그때는 휴대전화는커녕 보통 전화도 귀하던 때였으므로 그 애 집에서는 내가 온다는 것을 전혀 모르고 있었다.

"계세요?", "아무도 안 계세요?" 하고 몇 번을 물었더니 어떤 젊은 여자가 나왔다. 그 아이의 누이라는 그 여자는 친절하게 나를 방으로 안내하여 자기 부모님에게 소개하였다.

"아버지, 아무개 친구가 왔어요."

사실 나는 그 애와 친구는 아니었지만 누이의 말은 고마웠다.

세 사람이 내 앞에 앉아서 나를 보면서 "아이구 이 먼 데를 어찌 왔노. 착하기도 해라" 하면서 잘 대해 주었다.

"제가 친구들을 대표해서 왔습니다. 용서해 주십시오" 하고 빌었다.

그랬더니 그 분들 중에서 누군가가 "아이고, 아이들이 그렇지 뭐. 그걸 가지고 그러나. 처음엔 이가 좀 아프다고 하더니 다음날부터는 괜찮아졌어. 다음엔 그렇게 손찌검들 말라고 그래. 멀리서 와서 배고플 텐데 밥이나 먹고 가" 이러시는 것이었다.

그들은 시나리오가 완전히 다른 대본을 가지고 있는 듯하였다. 그 애의 담임선생님이 하던 얘기하고는 아주 딴판이었다. 쥐어박거나 야단을 치거나 벼락이 떨어질 줄 알았는데, 영 다르게 돌아가는 것이 도대체 믿어지지 않았다.

그 분들은 나를 야단치기는커녕 오히려 위로하고 뜨거운 밥을 지어서 차려 주었다. 돌아오는 길에 다시 버스를 타고 긴 시간을 견뎠지만 마음은 가벼웠다.

다음날 아침에 그 애의 담임을 찾아가는 내 마음은 마냥 즐거웠다. 내 말을 들은 그 선생님은, "그래? 잘 했구나" 그 한 마디만 하였다. 나중에 우리 담임이 말해서 안 것인데, 저쪽 선생님은 누군가를 혼내 주고 싶어 했고 범인을 모르니 나를 찍어 댄 거라고 했다.

말죽거리 '회담'은 성공으로 끝났고, 나는 아주 중요한 교훈을 얻었다. 문제가 생겼을 때는 정면돌파 하는 것이 모든 것을 잠재우고 가장 중요한 사람의 용서나 이해를 이끌어 내는 데 효과적이라는 사실이다. 우회하거나 변명하거나 제3자를 내세워서 문제를 해결하려고 하는 것보다는 솔직담백한 직설법이 더 좋을 수도 있는 것이다.

문제가 생겼을 때 해결할 의지가 있으면 누군가가 나서서 도와주는 사람이 반드시 생긴다. 우리 담임선생님이 그랬던 것처럼. 또한, 엄청나게 커 보이는 문제도 실은 별것이 아닐 수도 있다. 누군가 부풀리고 있는지도 모르기 때문이다.

그때는 겁이 나서 어머니에게도 말씀드리지 않았다. 어머니의 성격상 내 모험담을 들으셨다면 "역시 내 아들이다" 하고 등을 두드려 주셨을 텐데. 참 아쉽다.

사람을
죽이는 것은
나쁩니다

　사람들은 왜 싸우는 걸까? 상대방은 우리 편을 죽이면 안 되고 우리 편은 상대방을 죽여도 좋다는 것은 또 무슨 논리일까?
　우리 가족은 한때 예루살렘의 북쪽 외곽에 있는 피스가트 쩨에브 Pisgat Zeev라는 동네에 살았고, 감람산의 서쪽 비탈에 있는 교회에 다녔다. 그 교회 담임목사는 폴 슈미드갈 Paul Schmitgall이었는데 나와는 예루살렘 대학 동기 동창이었다. 그 친구는 몸집이 우람하고 성격이 호방해서 그냥 만나는 것만으로도 재미가 있는 사람이었다.
　어느 일요일, 11시에 예배가 시작되려는 참이었는데, 독일인 여선생 한 분이 나를 찾아와서 "제이슨 때문에 성경공부를 진행할 수가 없으니 와 보라"고 했다. 뭘 갖고 그러나 싶어 가 보았더니 여섯 살 난 우리 아들 제이슨이 올망졸망한 애들을 세워 놓고 있었다. 가만 보니 이건 완전히 '국제군단'이라고 해도 과언이 아니었다. 미국 애, 영국 애, 일본 애, 아랍 애, 이스라엘 애, 독일 애……. 그 국제군단을 세워 놓고 한국 애가 째려보고 있었다.

그 중에는 제이슨보다 큰 애들도 있었다. 애들은 제이슨에게 걸려들어서 어쩔 줄을 모르고 있었다. 제이슨이 그 애들에게 "내가 너희들을 다 죽여 버리겠다"고 했다나 어쨌다나. 나는 기가 막혀서 제이슨을 달랑 안고 정원으로 나갔는데, 아내는 무슨 일인가 해서 따라 나왔다.

그 일로 나는 '사람이 사람을 죽이는 것은 나쁜 일이다'라는 원칙에 대해 교육을 하지 않을 수 없었다. 이스라엘과 팔레스타인이 공존하며 죽고 죽이는 환경에서 죽음이란, 그리고 살인이란 언제나 TV 화면의 단골 메뉴였고, 사람들이 모이는 곳에는 언제나 '죽음'을 당한 사람들에 대한 이야기가 있었으니 아이들은 그 영향을 받고 살았다.

그래서 맹자의 어머니는 세 번씩이나 이사를 갔던 것이다! 우린 '동네 이사'가 아니라 '나라 이사'를 해야 할 판이었다. 어떠한 살인도 옳지 않다는 교육을 받고 아들은 말했다.

"아빠, 알았어요. 사람이 사람을 죽이는 것은 나쁜 일인 줄 알았어요."

여러 달이 지나갔다. 우린 그 일을 잊었다. 그러던 어느 일요일, 그 여선생님이 또 우리 부부를 황급히 찾는다는 소리가 들렸다. 복도에서 만난 그 분이 말하기를 "제이슨 땜에 수업을 진행할 수가 없으니 어떻게 좀 해 달라"는 부탁이었다.

그래서 교실에 가 보니 다른 애들은 다 앉아 있는데 제이슨이 일어서서 연설을 하고 있었다. 요지는 "사람이 사람을 죽이는 일은 아주 나쁜 일이다"라는 것이었다. 아이들은 영문을 모르고 듣고 있었고 그냥 자기 일에 몰두하는 아이들도 있었다.

그날의 성경수업은 구약성경에 나오는 다비드와 골리앗의 전투에 관한 것이었다. 다비드는 이스라엘 사람이었고 골리앗은 불레셋 나라의 장군이었다. 그 전투는 B.C. 1,000년경에 있었다. 다비드가 던진 돌에 골리앗이 맞아서 죽어 쓰러지는 장면을 선생님이 실감나게 말하고 있었고, 아이들은 신이 나서 박수를 짝짝 치는 찰나에 제이슨이 "선생님, 잠깐만요!" 하고 손을 들었다고 한다. 제이슨이 심각하게 말했다.

"사람이 사람을 죽이는 것은 나쁩니다. 어떠한 상황에서도 사람이 사람을 죽여서는 안 됩니다. 골리앗도 죽여서는 안 됩니다!"

아이들은 영문도 모르고 "예, 예" 하거나 "맞아요" 하고 떠들기 시작하였고, 제이슨은 아이들에게 골리앗을 죽이는 일은 아주 나쁘다고 얘기를 하였다. 선생님은 골리앗을 죽인 다비드를 추켜세우는데, 제이슨은 누구라도 사람을 죽이면 안 된다고 하니 어떤 아이들은 책상을 두드리면서 "나빠! 나빠!" 했단다.

지난번과는 달리, 나는 교실 문을 잡고 한참 웃었고, 아들의 손을 잡고 나와서 "제이슨, 네 말이 맞다, 맞어!"를 연발했고 콧등이 찡해졌다. 왜 난 그 생각을 못했을까? 불레셋 장군 골리앗이 이스라엘 사람 다비드를 죽이면 나쁘고 다비드가 골리앗을 죽이면 좋은 건가?

다비드의 생명이 귀중하면 적군인 골리앗의 생명도 귀중한 것이다. 우린 얼마나 자기중심적이고 이기적인 사고로 모든 것을 채색하고 있는가! 아이는 얼마나 정직한가! 이데올로기가 무슨 소용이며 종교적 입장이 대수란 말인가?

아이는 얼마나 위대한가. 그래서 예수는 '천국은 어린 아이 같아야 들어갈 수 있다'고 하였구나.

그 주간에 있었던 역사시간에 나는 근엄한 얼굴로 대학원생들에게 '화두'를 하나 던졌다.

"왜 다비드는 골리앗을 죽였어야만 했는가? 다른 대안은 없었는가? 골리앗을 죽이는 것은 사람이 사람을 죽여서는 안 된다는 명제와 어떠한 함수관계를 가지고 있는가?"

그것을 숙제로 짊어지고 나간 대학원생들은 한 주 동안 고민하고 씨름하였다. 일생에 처음으로 자기들이 알고 있던 공식다비드가 골리앗을 죽인 것은 잘한 일이다을 깨는 질문에 대해서 그들은 당황하였던 것이다. 학생들이 다음 시간에 가지고 온 답은 이랬다.

> 다비드는 상대적으로 너무나 큰 적을 만나서 당황하였기에
> 다른 대안을 생각할 마음의 여유가 없었다.

여유를 갖자. 마음의 여유가 없으니 극한으로 치닫는다. 상대를 죽여야 자기가 살 수 있다고 생각한다. 사랑할 수 없다고 하더라도 죽이지는 말아야 한다.

공존할 수 없을 만큼 사람을 미워하는 사람은 이미 인간이기를 포기한 것이 아닌가. 정당도 종교도 모두 사람이 살자고 하는 일임을 알았으면 좋겠다.

4.

가족과
친구가 있는
세상

가족과 친구가 있기 때문에
힘들고 어려운 세상을 헤쳐 나아갈 수 있다.
부모는 아이들에게 울타리가 되어 주고
길 안내자가 되어 준다.
아이들은 부모에게 기쁨을 주고 미래에 대한 희망을 보게 한다.
남편과 아내가 두런두런 이야기하며 한 세상을 건너간다.
죽을병이 들었어도 가족과 친구가 함께 싸워 주면 살아날 수 있다.
가족처럼 좋고 친구처럼 귀한 것이
이 세상 어디에 있는가?
가족이라면 구실을 만들어서라도 만나자.
전장 같은 이 세상에 좋은 친구 하나만 있어도 사는 맛이 난다.

아이와
놀아 주는
부모

　　　　　　　　　　　공교육이 무너지고 사교육 천국이라는 한국. 누가 문제의 주범이고 해결책은 무엇인지를 두고도 소란스럽다. 정부는 정책으로 해결한다고 하고 대중은 심야 TV토론에 열을 올린다. 그러나 교육과학기술부 장관이 열 번 바뀌어도, 명석한 학자들이 TV에서 아무리 토론해도 상황은 나아지지 않고 있다.

　얼마 전 뉴스에서 보니, 한 여고생이 학교는 전장戰場이라고 하였다. 동료 간에 우애도, 선생님에 대한 존경심도, 부모에 대한 감사도 없는, 오직 성적을 올려야 하는 무자비한 경쟁의 싸움터. 그것이 더욱 심화된 것이 사교육 현장이다. 중고생들이 자살하는 이유를 알 만하지 않은가?

　왜 우리나라의 교육 현장이 이렇게 악화되고 있는 것일까? 공교육을 무너뜨리고 사교육을 조장하는 주범이 겉으로는 해결책을 요구하면서 속으로는 점점 더 문제를 가중시키고 있기 때문이다. 이것은 정부나 학원이나 선생님들이 촉발한 문제라기보다는 학부모들이 저지르고 있는 가장 광범위하고 가장 뿌리 깊고 가장 치유하기 힘든 문제요, 병이라고 인정을 하는 것이 진단과 처방을 하는데 더 효과적일 것이다.

부모는 학교에 교육을 맡기고, 학교 선생님은 "이건 학원에서 배웠지? 그럼 문제만 풉니다"라고 학원에 책임을 전가하고, 학원은 엉뚱하게도 "교육은 우리가 책임집니다"라고 나서고, 그걸 바로 잡는다고 교과서는 접고 EBS 방송교재를 보라고 하는 악순환이 실은 가정에서 시작된 것이다.

TV 광고로 내보내고 있는 내용이 내 마음을 때렸다.[14]

부모는 멀리 보라 하고
학부모는 앞만 보라 합니다.
부모는 함께 가라 하고
학부모는 앞서 가라 합니다.
부모는 꿈을 꾸라 하고
학부모는 꿈 꿀 시간을 주지 않습니다.
당신은 부모입니까? 학부모입니까?
부모의 모습으로 돌아가는 길
참된 교육의 시작입니다.

한국 부모들의 교육열이 세계적으로 높다는 건 외국인들도 안다. 그런데 한국 부모들은 아이들이 공부하도록 돕는 데는 열심이지만 아이들을 교육하는 선생님의 자리는 남에게 내주고 있다. 그래서 한국 부모들은 학생들의 부모, 즉, 학부모이긴 해도 교육에서는 선생으로서의 부모 역할을 못하고 있다.

부모들은 자녀가 잘 되라고 학교에 보내고, 또 학교에서 처지지 않게 하려고 사교육을 시킨다. 아이에게 무슨 재능이 있는지 그것을 어떻게 계발하는 것이 좋은지는 모른다.

'부모의 모습으로 돌아가는 것이 참된 교육의 시작이다' 는 명언이다. 어떻게 돌아갈 수 있는가? 공부하라고 명령하는 학부모에서 공부에 참여하는 부모가 되면 된다. 어떻게 참여할 것인가? 잘 모르면 그저 같이 놀아 주기만 해도 된다. 놀이가 학습에 중요하다는 것은 이미 잘 정립된 이론이다. 어릴 때는 말할 것도 없고 더 커서도 놀이로 배우는 학습효과는 크다.

유대인의 가정교육이 좋다고 해서 책이나 강의나 강좌가 많지만, 그것을 도입해서 성공했다는 한국인 부모들의 사례는 별로 들은 바 없다. 그게 한국에서 안 되는 이유는 유대인 부모들은 아이들과 늘 같이 있는데 한국은 그렇지 않기 때문이다.

아버지나 어머니가 같이 있어 주며 수학이나 국어히브리어나 외국어를 학습하게 하고, 놀이를 통해서 협동심을 길러주고, 공동체에 대한 책임의식을 일깨워 주는 그들이다. 그런데 한국에서는 부모가 같이 있어 주는 것이 드물고 공부를 위해서는 같이 놀아 주지 않는다. 아니, 한국 부모들은 놀아 주는 것이 무슨 공부냐는 식이니 아예 코드가 맞지 않는다.

유대인 가정에서, 아버지의 존재는 매일 저녁 집에서 식구들과 같이 식사하고 책을 같이 읽고 학교 숙제를 돌봐 주고, 그냥 놀아 주기도 하는 사람이다. 물론 잔소리도 한다. 토요일안식일에는 가족들이 거실이나 정원이나 공원에 둘러앉아서 이런저런 이야기를 하며 웃고 장난친다. 그런 모습을 보는 것은 제삼자에게도 즐거움이 아닐 수 없다. 그러나 한국에서 자녀들과 거의 매일 저녁 시간과 주말을 보내고 있는 아버지들이 몇 명이나 되는가?

주말이나 휴일에는 가족들이 갈릴리 호수나 지중해 해변이나 홍해 해변에, 아니면 동네에 있는 공원에서 시간을 함께 보낸다. 부모는 그곳에서도 자녀들에게 '선생님'의 자리를 표 안 나게, 의식하지 못하게 그러나 굳건하게 지키고 있는 것이다.

유대인 동네에서는 어머니가 아이들이 만든 공작이나 미술 숙제를 들고 다니면서 "색칠은 거칠지만 창의력은 남다르지?" 하면서 깔깔 웃는 모습을 볼 수 있다. 아이들이 숙제를 할 때 부모가 있어 주는 것은 당연하다. 나이와 학년에 따라서 부모는 그 '같이 있어 줌'의 모양과 강도를 달리할 뿐이다.

부모의 역할 중에서 중요한 것은 어떤 주제에 대해서 함께 '토론'을 하는 것이다. 토론을 통해 아이들은 분별력, 논리력, 발표력, 데이터 사용법을 연습하게 된다. 일상적인 것, 배우는 과정에 있는 것은 거의 다 부모가 참여한다. 즉, 부모가 같이 있어 주는 것 그리고 같이 놀아 주는 것이 유대인 교육의 중요한 부분이다.

미국인들이 하는 가정교육 방법도 유대인들과 별로 다르지 않다. 나의 미국인 친구 데이비드의 아들은 재작년에 예일 대학교에 입학했는데, 그의 부모는 어려서부터 그와 늘 함께 놀아 주고 숙제하는 걸 돕고, 토론 상대가 되어 주었다. 그게 가능한 이유는 오후에 일이 끝나면 남자들이 집으로 직행하는 문화이기 때문이다.

정부나 교육과학기술부가 아무리 노력해도 사교육을 진정시키지 못할 것이다. 부모들이 아이들을 무한경쟁으로 몰아넣지 않고, 함께 놀아 주는 시대가 와야 사교육 문제건 공교육 문제건 해결될 수 있다. 부모들이 자녀들과 많은 시간을 보내기 시작하면 우리나라 교육도 좋아질 것이다. 그러기 위해서는 퇴근하면 집으로 곧장 가는 사회로 바뀌어야 한다.

어떤 심리학 보고서에 따르면 아이들이 공부를 하거나 TV를 시청할 때 부모가 옆에 있어 주기만 해도 마음이 안정되고 격려가 되어서 성적이 향상된다고 한다. 부모와 아이가 함께 있는 시간이 많으면 많을수록 좋다는 것을 잊지 말아야 한다.

꽃과 여인

여인의 얼굴 같은
백합꽃 한 다발

새벽에
향긋한 냄새가 방안에 가득하네

뿌리가 싹둑 잘렸는데……
너무 아파서 향기를 내뿜는가

꽃들의 얼굴은 찌그러들지 않았다

삶이 아파도 향기를 뿜는다
어머니
아내
어머니들
아내들
우리의 딸들도 그러리라

향기는
한낮에도 진하다

꽃은 시들고
향기는 사라져도
당신은
여전하리

당신의 향기는 뿌리가 되리

이빨과
가족

　　　　　　　　　부모와 자녀들이 '이—' 하고 서로에
게 이를 보여 주자. 이의 모양이나 배열이 닮지 않았나 살펴보자. 서로
비슷하다는 것을 알고 놀라게 될 것이다. 신은 끈끈한 가족관계를 유지
하라는 의도를 이에 담아 놓았다.

　개인은 과거 조상의 유전인자를 소유하고 있고 또 다음 세대에 물려
준다. 먹고 말하는 데 사용되는 치아齒牙조차도 사람들 사이의 관계를
말해준다.

　이의 모양이나 배열은 유전한다. 아버지와 나의 이 모양이 같다고 어
머니는 가끔 말씀하셨다. 어머닌 인류학이나 법의학을 몰랐지만 이를
보면 혈연관계를 알 수 있다고 짐작은 하고 있었다.

　아들의 이는 마치 원시인들이 돌을 주워다가 둥그렇게 이어 놓고 그

안쪽으로 모닥불을 피우다가 불을 끄느라고 되는 대로 발길질하여 어그러뜨린 돌들처럼 나 있었다. 윗니들도 그렇고 아랫니들도 그랬다.

아들의 치아를 교정하는 데 꼬박 2년이 더 걸렸다. 오성진 박사는 그 이들을 가지런히 재정렬시켰다. 잇몸을 넓히고 전열이 흐트러진 축구팀처럼 아무 데나 가서 서 있는 것들을 철사로 끌어 당겨 서로 묶고 이마다 작은 철판을 하나씩 대놓았다. 사람의 입 안에서 단계적으로 그런 작업을 하는 것을 보면서, 신기한 재주가 많았다는 제갈공명의 아내가 생각났다.

이가 예뻐졌다고 좋아하는 아들에게 내가 말했다. "너무 좋아하지 마라. 이 모양은 유전한다. 너의 아들 치아교정 비용은 네가 감당해야 할 것이니……"

내가 시카고 대학교에 다닐 때 영국인 선배가 고대인의 치아와 유전에 관한 연구로 고고학 박사학위를 받았다. 논문 주제는 요르단의 사해 Dead Sea 근처에서 초기 청동기시대인 기원전 3,500년경에 만들어진 무덤들이 발굴되었는데 거기에서 나온 수천 구의 유골들은 같은 조상을 가진 가족들이었다는 것이다. 그는 그들의 이빨 모양이나 배열이나 기타 이와 관계된 사실들을 끈기 있게 조사하여 유골들 사이의 얽히고 설킨 인척관계를 밝혀냈다.

남아시아에서 쓰나미 때문에 실종되었던 오씨 성을 가진 한국 아이가 죽었다고 판명되었는데, 한 사체의 치아를 조사하여 그렇게 판단하였다고 한다. 그러니 이는 지문처럼 독특한 유전체계를 갖추고 있는 것이다.

법의학에서는 치아로도 범인을 찾는다. 즉, 이의 모양과 배열 형태를 보면 개인의 특이한 점이 나타나기 때문에 피의자의 치과 기록은 중요한 단서가 될 수 있다. 그러니까 같은 이의 특성을 가진 사람이 복수로 존재하지 않는다는 말이다. 지문의 특성과 비슷하다고 하겠다.

처음 창조 때부터 지금까지 지구에 태어난 사람이 몇 백억 명이 될는지 모르겠는데, 그 사람들이 각각 다르게 고유하면서도 혈연적 특성이 있는 치아를 조상에게서 물려받고 또 후손에게 물려준다니 그저 신비로울 따름이다.

가족 간의 유대는 치아가 보여주듯 끈끈하고 영원한 것이다. 창조주는 가족들이 흩어지지 말라고 그렇게 정교한 연결체계를 치아에 표현하여 놓았나 보다. 이는 가족들이 함께 사는 것이 창조주의 뜻임을 짐작하게 한다.

6.25전쟁 때 전사한 이천우, 이만우 형제가 현충일에 국립묘지에 나란히 안장되었다고 한다. 61년 만에 서로를 옆에 두고 나란히 누운 형제들! 가족이 함께 있는 것은 아름다운 일이다.

지금은 가족들이 뿔뿔이 흩어지고 있다. 불과 3, 40년 만에 대가족이 해체되고 부모와 자녀만 있는 핵가족이 되더니 이제는 각자가 독립적으로 사는 '개인가족'이 되었다. 그것도 만족스럽지 않았는지, 결혼 대신 동거하며 아이는 낳지 않는 '무가족 공생'도 한다니 앞으로 사회가 더 각박해질 것이 틀림없다.

가족이 없는 사회가 얼마나 을씨년스럽고 비인간적인지 우리는 안다. 사회가 살벌해지는 이유는 가족의 사랑을 모르고 살기 때문이 아닌가? 가족을 회복하자. 서로 '이―' 하며 이빨을 보여주면서 히히 웃어보자. 묻지도 따지지도 않는 식구들이 있는 보금자리를 만들자.

크리스마스와 가족

　가슴 저리게 가족에게 가고 싶은 때가 있다. 한국인에게는 설이나 추석이 그날이다. 주 5일 근무제가 정착된 지금도, 설이나 추석에 귀향하는 인구가 3,000만 명이나 된다고 한다. 성묘가 목적이라면 쉬는 날에 하면 된다. 그러나 가족들을 다 만나보고 싶기 때문에 명절날에 민족의 대이동이 발생하는 것이다.
　미국인들에게는 크리스마스가 그런 날이다. 크리스마스는 가족과 함께하는 날이다. 우리에게 가족이 얼마나 중요한가! 무슨 날이든, 그게 설령 신神을 위한 날이라고 하더라도 신은 기꺼이 우리가 그날을 가족들과 공유하기를 바란다.

　　　　　　I am dreaming of a white Christmas…….

크리스마스는 신神과 사람에게 다 귀한 날이다. 이 노래의 진짜 배경은 크리스마스가 아니라 가족이다. 서양인들의 가족 사랑은 동양인들보다 더 하면 더 했지 덜하지 않다. 그런 배경을 이해하면 이 노래가 명곡임을 알게 된다.

30년 전에 나는 미국에 가려고 미국대사관에 비자 서류를 냈었다. 군대를 갓 제대하고 시간이 많이 걸리는 신원조회를 마치고 나니 벌써 12월 중순이었다. 미국대사관에서 영사는 나에게 이듬해 3월쯤으로 인터뷰 날짜를 잡아 주었다.

집에 와서 아내에게 그 사실을 알렸더니 난감해 하는 것이었다. 왜냐하면 그 해 성탄절에는 부모님, 할아버지들, 할머니들, 삼촌, 고모, 이모, 사촌들, 그리고 일본에서 일하는 언니 가족들, 하여간 모두 모이기로 했다는 것이었다.

한국인 사위가 온다고 해서 장인어른께서 다 모이자고 했다는데, 미국 사람들이 늘 하는 식으로 계획을 세워서 오랫동안 스케줄을 맞추고 있었기 때문에 허물 수가 없다는 것이었다. 그보다도 더 심각한 것은 90세 가까운 외할아버지가 돌아가실 것 같은데, 이번이 그 분의 마지막 크리스마스가 될 것 같으므로 큰 의미가 있다고 했다.

아내는 다음날 다시 미국대사관으로 가라고 재촉을 했다. 가서 사정을 이야기하고 더 빨리 비자를 받을 수 있도록 하라는 것이었다. 천성이 느긋한 아내가 지난 30년 동안에 빨리 하라고 재촉한 것은 이것이 유일한 경우인 것 같다. 좀 겁이 나서 같이 가자고 했더니 당신의 일은 당신이 해결하라면서 뒤로 빠졌다.

그래서 미국대사관에 또 갔다. 번호표를 받고 지루한 시간을 보내고 드디어 내 차례가 왔다. 전날의 영사를 다시 만났다. 우리 사이에는 유리 창문이 있었고 나의 영어는 흔들리고 있었으며, 사실 나는 사정을 설명한다고 해서 그게 영사에게 통할 거라고 믿지도 않았다.

나는 다시 온 이유를 설명했다. 그 영사는 나의 말을 인내심 있게 듣고 있었다. 나의 말이 끝났을 때 그가 '무슨 말도 안 되는 소리냐, 인터뷰 날짜는 접수 순서에 따라 매기는 것이니 변경할 수 없다'고 잘라 말할 줄로 예상했다. 그런데 놀랍게도 예상은 빗나갔다.

"그래요? 크리스마스는 가족을 위한 거죠. 처갓집 식구들과 당신의 첫 만남이 성탄절에 이루어진다면 멋있겠군요. 할아버지의 마지막 성탄절에 참석할 수 있다면 더 이상 좋은 일이 없겠지요. 인터뷰를 내일모레로 바꾸어 드립니다. 즐거운 여행이 되기 바랍니다."

고맙다는 말을 했지만 그것으로 충분하지 않다는 생각이 들었다. 그 영사는 나에게 아무런 증빙서류도 요구하지 않았다. 아내를 데리고 와서 다시 설명하라고 하지도 않았다. 과연 그런지 전화로 확인을 해보지도 않았다. 남의 말을 믿어 주는 사람들. 그리고 성탄절이 의미 있는 나라. 가족의 삶을 존중하는 문화! 난 그날 그런 복합적인 문화적 충격을 받았다.

대사관으로 밀려드는 인파를 헤치고 밖으로 나오니 크리스마스를 재촉하는 함박눈이 내리고 있었다.

목적지 공항에 내렸을 때 세상은 온통 눈 천지였다. 눈이 그렇게 많이 내린 것을 나는 강원도에서도 본 적이 없었다. 그 해 미국에서는 많은 집들이 눈 무게를 이기지 못하고 무너졌다. 정말 대단한 화이트 크리스마스였다.

아내의 외할아버지는 몸이 큰 사나이였다. 가족들이 그 분의 귀에 대고 "애가 세진이에요. 걔가 왔어요"라고 소리를 질러도 그 분은 말을 한 마디도 못할 정도로 쇠약해 있었지만 눈에는 "내가 너를 알아본다. 잘 왔다" 하는 표정을 담고 있었다. 장인이 "세진이도 해병대 출신이에요" 하고 말했을 때 그 분의 입가에 아주 엷은 미소가 번지다가 사라지는 것을 나는 보았다.

그 크리스마스를 넘기고 할아버지는 세상을 떠났다. 할머니가 나에게 말씀하셨다. "네가 성탄절에 온 것이 할아버지 인생의 마지막 성탄절 선물이었다. 고맙다."

인디애나 주의 수도인 인디애나폴리스 광장에 가면 하늘을 찌를 듯이 높은 첨탑이 서 있다. 제2차 세계대전 참전 미군들 중 인디애나 출신 군인들의 이름들이 새겨져 있는 탑이다. 우린 서너 번 거기에 간 적이 있었다. 할아버지의 이름이 해병대 쪽에 선명하게 기록되어 있다. 어느 겨울 그 탑 앞에 서서 할아버지의 이름을 찾고 있을 때 함박눈이 내리기 시작했다. 할아버지가 하늘에서 여분의 크리스마스 날을 그분과 나, 둘만을 위하여 만들어 주고 계셨나 보다. 우리는 한 가족이라고…….

늙은 군인의 친구

　　　　　　사람이 가진 것 중에 우정 깃든 친구 만큼 귀한 것은 흔하지 않다. '친구 따라 강남 간다'는 말은 괜히 생긴 것이 아니다. 속내를 털어 놓을 수 있는 친구 하나만 있어도 살 만하다고 하는 사람들도 있다. 전장戰場을 같이 누빈 친구라면 더 귀하다. 전쟁터 같은 인생살이에서 좋은 친구 하나쯤 얻을 수 있다면 그것만으로도 살맛나는 인생이다.

　　아버지는 병환이 깊었다. 한번 들어가면 길을 잃어버리는 숲처럼, 자욱하게 부풀어 오르는 안개가 나무들의 밑동을 비비면서 퍼지다가 빼곡한 나뭇가지 사이를 뚫고 들어온 햇빛과 엉기면서 어디가 어딘지 분간하지 못하게 하는 숲속을 아버지는 헤매고 계셨다.

아버지는 6.25전쟁과 월남전쟁을 치른 전장의 용사였다.

아버지는 과묵한 사람이셨다. 웃기는 이야기를 들으면 잘 웃으셨지만 말은 별로 없으셨다. 그저 때가 되면 "밥 먹자", 어디 다녀오면, "잘 갔다 왔냐?" 하시는 정도가 말씀의 전부였다. 어떤 때는 아버지에게 어디 다녀온 이야기나 설명을 하면 "음, 그랬구나" 하시곤 그저 조금 웃어 보이는 것이 전부였다.

병석에 누운 아버지의 마음을 위로하려고 찬송을 불렀고, 이것저것 물어 보기도 하며 그냥 동무를 해 드린다고 옆에 있었다.

갑자기 아버지의 눈동자가 무슨 의문이 있음을 나타내고 있었다. 뭘 원하시는지 여쭈니 대답하는 발음이 분명하지 않아서 분간을 할 수 없었다. 볼펜을 손에 쥐어 드리고 공책을 아버지의 눈앞에 고정시켰다. 아버지는 불규칙하게 글자들을 쓰셨다.

유공자회 회비 내었나

끝에 물음표(?)를 달지 않으셨다. 아버지는 기력을 소진한 상태에서도 자신의 의무를 다하려고 아들에게 묻고 계셨다. 소크라테스는 마지막에 제자들에게 닭 한 마리 빚진 것을 갚아 주라고 했다는데…….

아버지는 화랑무공훈장과 충무무공훈장을 받은 역전의 군인이고 국가유공자이셨다. 유공자회에 내는 연회비를 내었느냐는 물음이셨다. 냈다고 하니까, 다시,

누가 받았냐

라고 쓰셨다. 윤성원 아저씨라고 말씀드렸더니, 갑자기 아버지는 입을 크게 벌리고 눈물을 펑펑 쏟으셨다. 아버지가 이렇게 감정에 복받치는 모습을 근래에 건강하실 때나 몸져누운 후에나 본 적이 없었다. 왜 그러시냐고 물었더니, 종이 위에,

그 친구를 보고 싶다

라고 쓰셨다. 아! 친구! 언제 사귄 친구냐고 여쭈었더니,

전우다

라고 쓰셨다. 친구들이 거의 다 돌아가셔서 친구가 없으려니 했는데, 보고 싶은 친구가 있으시다니. 얼른 전화번호를 찾아서 그 분에게 전화를 걸었다. 그 분이 아버지의 병환에 차도가 있는지를 물었다. 아버지에게 수화기를 드렸더니, 바람이 새는 소리로 무언가 열심히 말씀하셨다. 저쪽에서 위로하고 격려하는 소리가 내 귀에도 들렸다.
친구!
아버지의 말년에 같이 말동무를 하던 친구. 우리에겐 늙은 아버지였지만, 아버지와 아저씨는 마음이 통하는 전우였구나. 그 분도 전장에서 살아서 돌아온 용사였으니 두 분은 전쟁터의 이야기를 하고 또 하고, 시국도 개탄하고, 나라도 걱정하였을 것이다. 아버진 그 친구가 보고 싶은 거였다.
친구와 이야기를 마친 아버지의 얼굴을 보니 평화로웠다. 보고 싶은

친구가 있다니, 아버지의 인생은 외로운 것이 아니었나 보다. 사람이 친구가 있다는 것이 얼마나 좋은가. 보고 싶은 친구, 말하고 싶은 친구, 언제 들어도 좋은 친구의 목소리!

"아버지. 아저씨가 월요일 오후에 시간을 낼 수 있다고 하세요."

아버지의 얼굴이 아주 밝아졌다. 어떤 음식이나 소식이나 위로도 아버지의 얼굴을 이만큼 환하게 만든 것은 없었다.

친구!

가족이 함께 싸워 이긴 불치병

아들 녀석이 작년에 대학에 들어가더니, 신입생 회장이 되었단다. 그런 아이의 천진한 얼굴을 보는 내 마음에 뜨거운 것이 용솟음쳐 올라왔다. 10년 전에 죽었어야 할 아이가 대학엘 가다니……. 나는 감격이 복받쳐서 눈물샘이 터지는 것을 보이지 않으려고 창밖으로 시선을 옮겼다.

이야기는 20년 전으로 되감기를 한다. 이 이야기는 불치성 악성신장병과 투병하여 승리한 어린 아들과 함께 겪은 우리 가정의 투병사이다.

내가 미국에서 유학할 때 한국에 있는 홀트아동복지회를 통해서 열 달된 사내아이를 입양하였다. 그런데 두 달이 지나 아이가 첫 돌이 될 즈음 갑자기 온 몸이 퉁퉁 부어오르더니 몰골이 말이 아니었다. 몸무게도 거의 배로 불어났다.

너무나 놀란 우리는 병원에서 다시 놀랐다. 선천성 불치성 악성신장병 증후군Incurable Nephritic Syndrome이라는 진단이었다. 신장콩팥의 기능이 비정상적이라서 단백질이 소변으로 나오는 병이었다. 의사가 한국에서 온 의료기록을 짚으며 태어날 때 이미 이 병을 지고 나왔다고 하였다. 그래서 한국에서 해외 입양을 보낸 것이라고 생각됐다.

오랫동안 겪어보니 이 병은 감당하기가 어려웠다. 일단 신장의 기능이 저하되기 시작하면 몸에 부기가 나타났다. 결국에는 몸속의 핏줄이 보일 정도로 근육이 말갛게 되면서 몸에 물이 차고 최고조로 부어오르게 된다. 그런 상태가 한 달이나 서너 주 정도 지속되다가 부기가 빠지면 정상으로 돌아오고, 두어 주 지나면 다시 병이 나타났다.

우리 내외는 미국 인디애나폴리스의 한 병원에 근무하는 이 분야의 세계적 권위자라는 안드레올리 박사를 찾아가 진단을 받았으나 대답은 절망적이었다. 근본적인 치료가 안 되는 불치의 병이라고 했다. 치료약이 없고, 다만 스테로이드Steroid라는 약물을 투여하여 병을 억제하는 것 외에는 아무 것도 할 수 없다는 진단이었다.

스테로이드가 무엇인가? 운동선수들이 스테로이드를 먹고 기록을 갱신하다 발각되어 망신을 당하는 경우가 있다. 스테로이드는 부작용이 심각하여 지속적으로 투약할 수 없는 약이라 했다. 눈에 보이게 나타나는 부작용은 키가 자라지 않는다거나 머리가 빠진다거나 눈이 먼다거나 지능이 떨어져 바보가 된다거나 기타 정신적이거나 육체적인 문제들이 발생하며, 또는 이런 것들이 복합적으로 나타난다거나 하는 것이었다. 부작용이나 합병증으로 환자가 죽을 확률도 높다고 했다.

한 살 아기에게 그런 약 프레드니손Prednisone을 15mg씩 하루에 두 번 먹이기 시작하였다. 그래도 차도가 없어서 약을 60mg으로 늘렸다가 나중에는 100mg으로 올렸다. 몸이 많이 부으면 이뇨제Diuretic를 같이 먹여서 소변으로 물이 빠져 나가도록 하였다.

그리고 정기적으로 뼈 검사를 하였다. 스테로이드를 먹으면 골다공증이 생겨서 뼈가 쉽게 부러지기 때문이다. 그래서 칼슘약을 더해서 먹였다. 신장병을 고치지도 못하고 억제시키려고 먹는 약이 뼈, 간, 위장, 눈 등 다른 장기들을 손상시키고 있었다.

뿐만 아니라 일단 발병이 되면 몸의 면역체계가 무너져서 병균에 감염되어 죽을 가능성이 많으니 감기 환자나 건강하지 않은 환경에 근접시키지 말라는 경고도 수시로 받았다.

결국 이 병은 사는 동안 어마어마한 고통을 초래하며 신장투석이나 여러 가지 조치를 해야 하고 사회 활동에 제약을 받으면서 소극적으로 사는 수밖에 없는 무서운 병이었다. 더구나 아들처럼 악성인 경우에는 열 살을 못 넘긴다고 했다.

그러니 이 병에 걸리면 병 때문에 죽든지 스테로이드 부작용과 합병증 때문에 죽든지, 아니면 면역체계가 붕괴되어 세균에 의한 2차 감염으로 죽든지, 하여간 죽을 가능성이 높다는 것이었다. 한마디로 살 길이나 살릴 약은 없고 죽는 길만 삼중사중으로, 사통팔달로 열려 있다는 의학적인 진단이었다.

그런 가운데 내가 이스라엘 예루살렘 대학에 고고학 교수로 부임하게 되었다. 우리는 즐거워야 할 새로운 환경에서 아들의 병 때문에 힘겨운 새 삶을 시작하였다. 유대인 중에는 노벨상 수상자가 많고 출중한 의사도 많으니 혹시 기적을 일으킬 의사를 만나지 않을까 기대했다.

우리는 예루살렘에 있는 샤아레이 쩨데크 병원에서 이 병에 관한 세계적인 권위자인 드러커 교수를 만나 여러 가지 이야기를 들었다. 그러나 대답은 미국의 안드레올리 박사가 내린 진단과 같았다. 완치는 불가능하고 스테로이드를 계속 먹이되 부작용이나 합병증은 어쩔 수 없으니 세균이 감염되지 않도록 주의하여 관리하라는 것이었다.

아이의 병이 악화될 때마다 다른 의사들은 신장이식을 논하였으나 드러커 교수는 한사코 반대하였다. 그냥 죽으나 신장이식을 하거나 마찬가지라는 극단론까지 펴면서 신장이식 후의 부작용에 대해 설명하곤 하였다.

일단 신장이식을 하게 되면 수혈이나 투석을 해야 하고 그러면 삶이 부자연스럽고 고통스러워진다는 것이다. 그의 지론은 신장병 중에도 신장이식을 해도 되는 병이 있고 안 되는 병이 있는데 아들의 경우에는 결단코 신장이식으로 좋아질 수 없다는 의견이었다.

지금 돌이켜 보면 그 침착하고 사려 깊은 러시아계 유대인 의사 드러커 박사는 우리에게 은인이었다. 위기의 순간마다 그에게 달려갈 수 있었던 것이 불행 중 큰 다행이었다.

우리 내외가 할 수 있는 일은 첫째가 기도였다. 사람이 할 수 없으니 아이를 만드신 창조주에게 고쳐 달라고 의지하는 것이었다. 그러나 달이 가고 해가 가도 전혀 차도가 없는 병을 두고 기도하는 일이 쉬운 것은 아니었다.

둘째는 세균에 감염되지 않도록 청정한 환경을 유지하느라고 애를 썼다. 부기가 빠진 상태에서도 신장이 제 기능을 발휘하지 못해 친구들과 흙장난을 하고 노는 것조차 아슬아슬하였다.

셋째는 몸이 부어 있는 날이 많으니 친구들과 제대로 놀지 못하는 아들의 마음에 상처가 쌓이지 않도록 우리가 놀아 주고 긍정적인 마음을 갖도록 하는 것이 중요하였다. 아들을 웃게 하려고 나는 코미디언도 되고 온갖 장난스러운 짓을 다하였다.

넷째는 매일 아침 일어나서 시험지Albustix Strips를 아이의 오줌에 적셔 보아 신장의 기능이 어느 정도로 활발한지 알아내는 것이었다. 이를 통해 오줌에 단백질이 얼마나 섞여 나오는지 판단할 수 있었다. 신장이 부으면 신장 안쪽 벽에 구멍이 많이 생기면서 단백질이 새어 나왔는데, 하루에 두 번이나 세 번 이런 검사를 해야 하는 때도 많았다. 당시 이 시험지는 개당 1.30 달러 정도 되었다. 오줌 검사로 날린 돈도 꽤 되었다.

다섯째는 규칙적인 생활을 하게 아이를 지도하는 일이었다. 몸에 무리가 되는 일이 있으면 신장은 더욱 손상을 입었다. 특히 잠을 규칙적으로, 또 충분히 자도록 하는 것이 중요하였다. 열 시간이나 그 보다 더 많이 자는 것이 신장병을 통제하는 데 바람직하였다.

그러나 병자라도 아이는 아이인지라 쉽게 잠들지 않을 때가 많았다. 엄마는 아이를 이불 속에 눕혀 놓고 성경과 고전들을 읽어 주었다. 나는 한국 동요들을 불렀다. 특히 리을ㄹ이 들어가는 노래를 자주 불러 주었다.

예를 들면 "리 리 리 자로 끝나는 말은 개나리 미나리 도토리 유리 항아리……" 같은 노래였다. 내 경험으로는, 고대와 현대의 모든 언어들은 공통적으로 ㄹ 또는 R이 가장 발음하기 어렵고 한국어 역시 그렇기 때문에 아들이 자라서 한국어를 외국어처럼 말하는 것을 방지하기 위한 배려였다.

아들이 대여섯 살 되던 어느 날 이런 말을 했다.
"아빠, 사람을 만든 하나님이 계셔?"
"응, 계시고 말고."
"그런데 왜 내 병을 안 고쳐 주셔?"
"……"
나는 할 말이 없어서 그냥 아들을 꼭 안고 있다가 간신히 입을 떼었다.
"그분께 무슨 뜻이 있겠지……."

아들이 일곱 살쯤 되었을 때 불현듯 신토불이身土不二라는 말이 생각났다. 어쩌면 태생의 나라에서 더 적절한 치료를 받을 수 있을지도 모른다는 생각이 들었다. 그래서 여름 방학이 되자 나는 아들을 데리고 한국에 왔다.
아들과 나는 미리 예약한 대로 서울, 인천, 기타 지방까지 바쁘게 다녔다. 다 가망이 없다는 진단이었다. 내 친구 박권배가 예약해 준 경희의료원에 갔었다. 의사는 우리가 앉기도 전에 "이 아이입니까? 치료가 불가능합니다. 그냥 가시지요"라고 단언하였다. 너무 기가 막혀서 "한약이라도 좀……" 하고 운을 떼자 그 의사는 "이 병엔 약이 없습니다. 양의학에서는 스테로이드를 쓰라고 하겠지만 한의학에서는 실제로 권할 만한 약이 없습니다"라고 하였다. 그리고 거기서 주워들은 것은 한국에도 신장병 환자가 많고 투석하는 중환자도 많다는 사실이었다. 이 병에 관한 한 신토불이도 효과가 없었다.

우리 내외는 할 수 있는 모든 것을 다 했다. 미국, 이스라엘, 한국의 우수한 의사들을 만나서 진찰을 받고 소견을 들었다. 의사가 하라는 것은 다 했다.

유명한 병원, 용한 한의원, 의사, 한의사, 세계적 권위자, 전문가, 그 누구도 고칠 수 없는 병! 이 약, 저 약, 양약, 한약, 어떤 약도 듣지 않는 악성 신장병! 스테로이드를 매일 먹으니 부작용만 확실하게 쌓여 가는 병! 아무에게도 의지할 수 없는 병! 열 살 이전에 죽을 것이라는 사형선고!

우리 내외는 이런 소용돌이 속에서 매일 성경을 읽고 기도하였다. 친구들과 친지들에게 기도해 달라고 부탁했다. 명성교회 김삼환 목사는 자주 아들을 안고 기도해 주었고 이스라엘 문화원 김희우 원장은 김해에 있는 높은 산에 가서 약초를 따다 주었다. 조대식 목사는 둥글레 뿌리를 구해다 주고 장순홍 목사는 그걸 다리라고 약탕기를 사 주었다. 그 외에도 많은 사람들이 응원을 해 주었고, 이스라엘 친구들과 미국인 친구들이 우리를 위로하고 도왔다. 절망적 상황에 있었지만 우리는 외롭지 않았다. 우리는 그들의 사랑을 결코 잊을 수 없다.

기도하면서, 아들이 죽을 것이라는 생각은 꿈에도 하지 않았다. 창조주가 무슨 이유가 있어서 아들을 세상에 내보냈고 무슨 뜻이 있어서 병마에 시달리는 것을 허락하신 거라고 생각했을 뿐 죽음은 생각하지 않았다.

우리가 그런 의학적 절망감과 신앙의 몸부림 속에서 지내는 동안, 외적으로 이스라엘에서는 유대인들과 팔레스타인 사람들의 쟁투가 격화되었다. 여기저기에서 팔레스타인 사람들이 자살폭탄으로 저항하였고,

일반인들에게는 생명의 위협이 지척에 있는 날이 많았다. 나는 예루살렘 대학에서 책임자President로 임명되어 학교를 이끌고 있었는데 학생들의 안전이 매일 중요한 현안문제였기에 안팎으로 어려운 시절이었다.

그러다가 한국으로 귀국하였다. 아들은 한국에서 태어나 미국에서 발병하고 이스라엘에서 투병하다가 다시 한국에 돌아온 것이었다. 그러나 그 무섭고 끈질긴 병은 아들과 우리 가족을 위협하며 떠날 줄을 몰랐다. 우리는 기도에 전념했다.

그런데 아들이 열서너 살쯤 되었을 때 하루는 나에게 "아빠, 내 몸이 좀 이상해"라는 말을 꺼냈다. 나는 가슴이 덜컥했다. 또 무슨 변고가?

"아빠, 요즘에는 몸이 좀 가볍고 잠도 잘 오는 거 같아."

얼마나 오랫동안 비정상적으로 고난을 당하고 있었던지 정상적인 현상을 이상하다고 말하는 아이……. 유심히 살펴보니 아들의 병세에 차도가 있었다. 몸이 붓지 않는 날이 계속되면서 식사도 잘하고 뛰어 놀기도 잘하였다. 그렇게 1년이 가고 있었다. 더 이상 시험지로 소변을 검사할 필요가 없게 되었다. 스테로이드도 끊어 버렸다.

그런 것들을 벗어 던지니 살 것 같았다. 아이는 친구들과 잘 어울리고 교회에도 열심히 나가게 되었다. 아들은 인생의 새로운 국면에 들어서고 있었던 것이다. 그리고는 이제 스무 살, 아들은 건강한 몸과 마음으로 대학에 다니고 있다.

아들의 완치는 의사들도 이해하지 못했다. 무엇보다 스테로이드로 인한 부작용이 전혀 없다는 믿지 못할 사실이다. 키가 안 큰다더니 아들은 180cm 정도 된다. 나랑 같이 서면 나는 오즈Oz의 나라에서 온 먼치

킨Munchkin 같다. 팔뚝이 얼마나 굵은지 무거운 것은 다 아들이 들어 나른다. 머리카락이 빠진다더니 카르멜 산의 상수리 나무숲 같이 숱이 꽉 들어차서 빗이 안 넘어 간다나 어쩐다나. 또 눈이 먼다더니 우리 집에서 안경을 안 낀 사람은 아들밖에 없다. 머리가 나빠진다더니 유머를 섞어서 이야기를 엮어 가는 아들과 깔깔거릴 때 우리는 행복하다.

 흰 눈이 펄펄 내리는 날, 셔츠 한 장 입고 나가서 눈을 치우거나 눈사람을 만드는 아들을 보면서 나는 이런 말을 하였다. "아들아, 인생에 큰일을 하려고 안 해도 된다. 너는 살아 있는 것만으로도 충분히 위대하다. 너는 신이 존재함을 증명하는 시청각 자료다."

 스테로이드를 열서너 해 동안 매일 먹었는데 부작용이 없다니. 의사들은 기적이라고 했다. 상상할 수도, 예측할 수도, 이해할 수도 없다는 말이다. 나는 왜 부작용이 없는지 이해한다. 우리 가족이 기도할 때마다 하나님께서 그 날의 부작용이 적체되지 않게 처리해 주셨던 것이다.

 꾸준하게 십수 년을 기도하는 동안 신께서 치료하는 은혜를 베풀어 주셨음을 우리는 굳게 믿고 있다. 그것을 신유神癒의 은사恩賜, 즉, '신이 치유의 은혜를 베풀어 줌'이라고 한다.

 기독교에서는 '신유의 은사'를 신이 인간에게 베푸시는 가장 귀한 은혜들 중의 하나로 믿고 있다. 절망적인 순간에 신의 자비와 사랑을 믿고 기도하는 것이 얼마나 중요한가를 우리 가족은 체험으로 알고 있다. 그리고 그 후 여전히 계속하여 기도하는 동안 아들의 몸은 완전히 건강하게 되었다.

 예수께서 "믿는 사람에게는 안 되는 일이 없다" 하셨다.[15]

의학과 과학이 할 수 없을 때, 기도라는 마지막 병기兵器가 있음을 기억할 수 있다면 아직 희망은 있다. 영적 삶이 사람을 짐승과 갈라 놓는 분기점이 아닌가!

어느 성탄절에 친구들이 모여 왁자지껄 할 때, 아들이 나에게 말을 걸었다.

"아빠, 나 목사 될까 봐요."

"왜?"

"음. 아마 저는 사려 깊은 목사가 될 것 같아서요."

"자만심이냐?"

"아뇨. 아빠는 늘 건강하셨죠?"

"응."

"늘 건강하시니까 병든 사람의 마음은 잘 모르시지요?"

"응. 아주 모르기야 하겠냐만."

"아빠, 피상적인 거 말고요. 저는 죽음의 문턱에서 헤매고, 죽는다는 절망으로 밤에 혼자서 운 적이 많아요. 그리고 친구들이 저를 왕따시켜서 괴로운 날은 아무런 의욕이 없었어요."

"그랬겠지……. 고생했다."

"그래서 말인데요. 그냥 위로해야 하기 때문에 위로하는 목사도 있을 거 아녜요? 몸이 건강한 목사라면요."

"그럴 수도 있겠지."

"저는 몸이 아픈 사람을 보면 마음이 아파서 견딜 수가 없거든요. 그러니 제가 목사가 되면 절망하는 사람들을 잘 돌볼 거 같아서요."

그때 내 마음속에 아들이 대여섯 살 때 해준 말이 생각났다. "그분께 무슨 뜻이 있겠지." 신神은 아이를 세상에 살게 하려고 보내셨다. 우리는 그 믿음으로 끊임없이 기도하였다.

아들은 대학에서 국제관계학International Relations을 전공하고 있다. 그 어마어마한 병은 우리 가정에게, 아들에게 죽음에 이르는 고난이었지만, 우리는 함께 병마와 싸웠고 이겼다. 아들은 고난의 의미를 알고 영적인 차원을 이해하는 사람으로 자라났다. 아들을 향하여 그를 빚으신 신이 무슨 뜻을 가지고 계심을 나는 믿는다.

·5·

종교는
원래 위치로

종교는 정치단체나 이익집단이 되면 안 된다.
종교 없는 사회를 생각할 수 없다면,
종교인들은 최선을 다해서
자기 종교의 이념을 이루어야 한다.
종교는 내적 마음의 혁명이다.
우리나라에 있는 종교인들이 마음의 혁명을 이루고
자기 종교가 가르치는 진리대로 산다면
한국은 세계에서 가장 살기 좋은 나라가 될 것이다.
종교는 원래 위치로 돌아가야 한다.

삶을 위한
종교

　종교는 왜 있는가? 종교는 삶의 문제에 답을 주기 위하여 존재한다. 한국식 기독교의 사고방식에 젖어 있는 내가 오랫동안 유대교의 신자들이나 랍비들과 교류하면서 보니, 유대교가 삶 속에서 일어나는 문제들을 다루는 방식이 흥미로웠다. 예를 들어 보자.

　첫째로, 현실 세계와 무의식의 세계 사이에 벌어지는 일에 대해서 두 종교는 다르게 구분 짓는다. 지난밤에 이웃 여자 또는 남자와 성관계를 하는 꿈을 꾸었는데 어떻게 하면 좋겠느냐고 고백하며 신앙상담을 요청하는 신자에게 목사는 무엇이라고 말할까?
　목사는 꿈과 현실 사이의 연속성을 인정할 것이다. 많은 목사들이

'꿈에라도 나쁜 것은 생각지 말라'고 조언을 할 것이다. 즉, 현실에서 그런 나쁜 욕망을 추구하려는 생각이 있기 때문에 꿈에서 그런 현상을 본 것이니 조심하라는 말이다. 사탄의 계략에 넘어가지 않도록 기도를 더 열심히 하라는 충고도 할 법하다.

그러면 유대교 랍비는 무엇이라고 말할까? 랍비는 현실과 꿈 사이의 불연속성을 인정할 것이다. 꿈이란 현실로 이루어지지 않는 마음속의 생각이 잠자는 동안에 비쳐지는 것이므로 그런 꿈을 꾼 것은 나쁜 현상이 아니라고 말할 것이다.

즉, 현실 세계에서 그렇게 행동하지 않았기 때문에 그런 꿈을 꾼 것이니 자기 자신을 그만큼 절제하고 자제하고 있다는 증거가 되므로 좋은 일이라고 말하는 것이다. 따라서 꿈에 대해서 걱정하지 말고 건강하게 사고하고 행동하라고 할 것이다.

두 번째, 현실과 이상에 대해서는 어떠한 태도를 가지고 있을까? 무인도나 광야에 가게 됐는데 가지고 갈 수 있는 물품이 한정될 경우 무엇을 선택하겠느냐고 묻는다면, 아마 목사는 성경책을 꼭 가지고 가야 한다고 말할 것이다. 그러나 랍비는 삶을 지탱해 줄 수 있는 것을 가지고 가라고 할 것이다.

아브라함 쟈수아 허셸Abraham Joshua Heshel, 1907-1972은 미국에서 활동한 저명한 랍비로, 마틴 부버Martin Buber와 함께 20세기 서양 유대교의 위대한 사상가였다. 그가 뉴욕에 있는 유대교 신학교Jewish Theological Seminary에서 교편을 잡고 있을 때 입학면접시험을 치르는 수험생에게 이런 질문을 하였다. 만약에 유다 광야에서[16] 여러 날을 지내게 되어 한

두어 가지 물건만 가지고 갈 수밖에 없는 형편이라면 무엇을 가지고 가겠느냐는 질문이었다.

수험생은 단호하게 자기 인생의 등불이며 신학교에 오는 이유라고 할 수 있는 성경책구약성경을 가지고 가겠다고 자신 있게 말하였다. 허셸은 웃음을 띠며 그 학생에게 사실은 담요와 물을 가지고 가는 것이 더 현명하다는 충고를 하였다.

유다 광야에서 물이 없으면 죽는다. 그리고 밤낮의 기온 차이가 큰 유다 광야에서는 여름이라도 밤에는 얼어 죽을 가능성이 있다. 허셸은 현실을 모르는 종교적 충성을 넘어 한 수 가르침을 베푼 것이었다.

성경의 내용은 말할 것도 없고 인쇄물인 성경책을 엄하게 존중하는 유대교인에게 랍비 허셸 교수의 말은 혁명적이었다. 허셸은 성경을 안고 광야에서 얼어 죽은 신학생보다 광야에서 살아 나와서 의미 있는 삶을 사는 미래의 랍비가 더 보고 싶었나 보다.

세 번째, 교조적인 원리의 적용보다는 인간 심성의 유연성에 대하여 깊이 이해하는 마음이다. 안식일에 대한 태도는 어떠할까? 유대교는 토요일을 안식일로 지키고 기독교는 일요일을 안식일주일로 지킨다. 두 종교 모두 '안식일을 거룩하게 지키라'는 계명을 받았다.

샌즈의 랍비 하임Rabbi Haim of Sandz은 20세기 초에 유럽에서 활동한 유명한 하시디즘Hasidism 랍비였다. 그는 제자들을 잘 가르치는 선생님이었다고 한다. 어느 날 그는 교실 창문 밑에 서 있다가 지나가는 학생들을 불러 세웠다. 안식일에 길을 가다가 돈이 잔뜩 든 지갑이 바닥에 떨어져 있는 것을 본다면, 유대교인은 안식일에 돈을 만지면 안 되는데 어떻게 하겠느냐는 질문을 던졌다.

한 학생이 안식일에 율법을 어겨서는 안 되니 당연히 줍지 말아야 한다고 답했다. 그러자 랍비는 바보 같은 대답이라며 그 옆의 학생에게 너는 어떻게 하겠느냐고 물었다. 두 번째 학생은 친구가 말한 답이 오답이라고 하니 그 반대로 생각을 해서 그 지갑을 줍겠다고 하였다. 랍비는 그러면 율법을 범한 죄인이 된다고 일갈하였다.

랍비 하임은 이번엔 옆의 또 다른 학생에게 같은 질문을 했다. 세 번째 학생은 처음 두 학생들에게 말한 선생님의 지적을 들었기 때문에 주저하면서 대답하였다.

"글쎄요. 저는 모르겠습니다. 안식일에 돈이 미어지게 많이 든 지갑을 길에서 본다면 저는 아마 그것을 주울까 말까 많이 망설일 것 같습니다. 저는 제가 그런 상황에서 바른 결정을 할 수 있기를 바랄 뿐입니다."

그때 랍비는 제자들을 향하여 "이제야 바른 답을 들었다"라고 말하였다.

아마 이런 주제에 대해서 기독교 목사는 별로 할 말이 없을 것이다. 기독교도들은 안식일주일에 예배를 드린다는 것 외에는 세속적인 일을 다 하고 있기 때문에 이 부분에 대해서는 성경적인 관점에서 보면 하임 랍비의 말에 대응하는 목사의 답을 찾기는 쉽지 않을 것이다.

랍비 하임의 말이나 가르침을 보면, 종교는 삶에 대한 답을 주기 위해서 있는 것이긴 하지만 삶에는 많은 변수들이 있다는 것을 유연하게 삭이고 있다. 분명하게 단정을 내릴 수 있는 것이라도 그 이면에는 다른 각도에서 보고 숙고해야 할 차원이 있는 경우가 허다하다.

어느 종교든지 사람을 따뜻하게 감싸 안고 그의 고민과 고통과 정신적 방황을 다독거려 주며 영적인 무지를 깨우쳐 주는 선생님이 필요하다. 싸구려 위안이나 불같은 심판보다는 삶의 현실에서 사람이 사람의 길을 바로 가게 해주는 종교 말이다.

고요함에 대한
갈증

봄바람이 살랑대는 저녁 무렵. 길거리 가로수 밑을 걷는 것이 제법 즐거웠다. 계절도 좋고 바람도 좋고 사람들도 생기발랄해서 좋았다.

마주 오는 사람이 나에게 인사를 하였다. 가로수 밑에서 이야기를 하였다. 그는 개신교회를 그만두고 천주교회에 다닌다고 했다. 그는 신앙생활에 답답함을 많이 느껴서 왜 그런지 답을 찾아 고민하였다고 한다. 그래서 찾은 답이 '교회에는 고요함이 없다' 는 것이었다고 한다.

일요일 아침에 교회에 가면, 신비감도 경건함도, 아니 엄숙함도 별로 느낄 수가 없었다고 하였다. 건물 양식이나 형태에서 종교성을 느낄 수가 없었다는 얘기다. 종탑마저 사라진 지 오래 되었고 지붕 위에 있는 십자가는 건물 양식의 비교회성(?) 때문에 위치를 알리는 표지일 뿐 아무런 영감도 자아내지 못한다고 하였다.

교회가 다 그렇지는 않겠지만, 자기가 다니던 교회는 예비실의 분위기가 신의 임재를 느끼게 하기 보다는 신앙적 경쟁심을 유발하는 요소들이 많았다고 했다. 신자가 자기의 내면을 들여다볼 수 있는 성찰의 진지함을 유발하지 않는다는 말이다. 오히려 전면의 양쪽에 길게 늘어뜨린 현수막들과 좌우 벽들에 걸려 있는 형형색색의 그림들이나 표어들이 세속적으로만 보인다고도 했다.

그 표어들은 신의 도움이나 성공에 관한 것들이고 또 전도나 헌신이나 헌금을 강조하는 것들이며, 인간의 내적인 성찰과 인간성의 질적인 변화에 대한 것은 별로 없다고 했다. '전략'이니 '작전' 같은 단어를 동원한 구호가 가득하여 예배실이라기보다는 전투 상황실 같은 느낌이 든다고 했다.

"교회에 웹 사이트가 있고 복도에는 게시판이 있고 이메일로 신자들에게 공지사항을 보내줄 수 있고 주일마다 주보예배와 교회생활에 관한 공지를 발행하고 스마트폰으로 행사 안내나 예배 순서까지 보내는 세상인데, 왜 예배실에 현수막을 줄줄이 걸어 놓는지 모르겠습니다."

"예배가 시작되기 전에 지난 며칠 동안에 대한 성찰도 하고 회개도 하고 기도도 해야 하는데, 전혀 틈을 안 줍니다. 예배 순서지를 보고 그 날 설교의 기초가 되는 성경 본문을 찾아서 읽어 보고 싶은데 그것도 잘 안 됩니다. 예배실에 들어서면 바로 준비찬송을 불러야 합니다. 앞에 나와 있는 서너 명의 찬양 인도자들이 부르는 찬양을 따라 해야 하고 피아노와 기타와 드럼 두드리는 소리는 귀를 멍하게 합니다. 준비찬송이 끝나면 바로 예배가 시작되고 설교가 이어집니다. 예배가 끝나고 좀 앉아서 기도를 하려고 해도 다시 찬양팀의 노래가 시작되거나 아니면 다른 사람들이 정숙하게 행동하지 않기 때문에 앉아 있을 수가 없어요. 교회에는 정말 고요함이 없어요. 많이 시끄러워요. 종교는 조용함이나 고요함이 그 기본 바탕이 아닌가요?"

그는 그래서 천주교에 출석한다고 말하였다. 천주교는 건축 양식이나 예배 형식이나 신자들의 행동거지에 엄숙함, 경건함, 진지함, 신비감이 배어 있다고도 했다. 그는 개신교회가 다 그런 건 아니겠지만 종교성을 잃고 너무 소란스러워서 자기 영혼의 소리를 들을 수 없고 신의 세미細微한 음성을 듣기 어려운 곳이라고 말했다. 그는 또 고요하기야 산중의 절간만한 데가 있겠는가마는 교회에 다니던 터라 자연스럽게 천주교로 옮겼다며 웃었다.

그의 말이 단정적이고 결론적이어서 당황스러웠다. 어쩌면 그가 교적을 옮긴 이유를 합리화하고 있는지도 모른다. 모든 교회들이 다 그렇지 아니하며 그의 말이 다 옳은 것도 아니다. 그럼에도 불구하고 그의 말에는 귀담아 들어야 할 내용이 있었다.

고대 이스라엘의 지도자 모세는 적막한 시나이 광야에서 신과 대면하였다. 엘리야라는 예언자는, 바위를 부수는 강력한 바람과 땅을 흔드는 지진 속에서가 아니라 고요하게 귀를 기울여야 들을 수 있는 세미한 음성 속에서 자기 신의 음성을 들었다.

예수는 늘 조용한 곳을 찾아서 기도하였다. 그는 장소만 조용한 곳이 아니라 시간도 고요한 것을 좋아하여서 새벽시간에 기도하였다고 한다. 사도 바울은 외로운 아라비아 광야에서 신의 수련을 받았다.

석가모니가 보리수 아래에서 명상할 때 무슨 소란스러움이 있었겠는가? 무함마드가 동굴 속에서 기도할 때 무슨 구호들을 벽에 붙여 놓았겠는가?

고요함의 진수를 잃는다면 종교가 소란스러워질 수밖에 없다. 종교에서 고요함을 회복하려면 무엇을 해야 하는가?

참된 신앙인

종교는 태고적부터 인류의 삶 속에서 큰 자리를 차지하고 있다. 종교는 인류가 가진 공통의 소유 중에서 가장 오래되고 광범위하고 뿌리 깊은 것이다. 종교의 문제는 곧 인류의 문제가 된다. 나라 안에서 종교가 시끄러우면 나라도 어지럽다.

오늘 우리 사회에서 종교는 무엇이고 종교인들의 삶은 어떠해야 하는지 생각하지 않을 수 없다. 무소유를 말하는 사람들도 버릴 수 없는 것이 종교였다. 이 귀한 소유에 묻은 먼지를 털어 내고 오물을 닦아 내어 더 귀하게 가꾸어야 하지 않겠는가?

종교에 귀의歸依한다는 말을 쓰지만, 종교는 종교인들 때문에 너무 많은 상처를 입고 있다. 500년이라는 긴 시간을 거치면서 동양의 수양과 지혜의 책으로 자리 잡은 《채근담》에 이런 말이 있다.

음탕한 아녀자가 극단에 이르면 여승이 되기도 하고, 일에 열중하던 사람도 격해지면 불도에 들어가니, 그래서 깨끗한 불문佛門이 언제나 음란하고 요사스러운 소굴이 된다.

    음분지부   교이위니   열중지인   격이입도
    淫奔之婦도 矯而爲尼하고 熱中之人도 激而入道하나니

    청정지문   상위음사연수야   여차
    淸淨之門이 常爲姪邪淵藪也가 如此로다.[17]

과연 종교가 그래서 혼탁한 것인가? 실은 채근담보다 오래 된 성경聖經에도 신神을 따른다는 이스라엘 사람들 중에 어떤 일이 있는지 증언하고 있다. 예를 들면,

    주위에는 악인들이 우글거립니다.
    더러운 자들이 판을 칩니다.[18]

그러니 종교인의 참됨에 대한 의심은 어느 종교나 어느 시대를 막론하고 있었던 것이라 할 수 있다. 어떤 종교에 귀의하는 것은 아무나 할 수 있겠지만, 수양의 용광로를 거쳐서 새로운 그릇들로 태어나야 진정한 종교인이다. 불교나 유대교나 천주교나 기독교 자체는 깨끗하다고 할 수 있겠지만, 그 안의 신앙인들이 자기 종교의 본질에서 벗어난 행위를 일삼기 때문에 종교가 더러워지는 것이다.

    종교의 본질이 무엇인가? 각 종교가 받드는 신이 추구하는 이념과

개인이 얻기 원하는 것들 사이에 어떠한 규범과 절제가 있어야 하는 것이다.[19] 다시 말하자면 종교 자체의 영역에 대한 정체성이 분명해야 하고, 그 신이 추구하는 최고의 선 또는 이념이 이루어져야 하며, 영물이 아니며 육체를 쓰고 사는 신자들이 이 세상을 살아가는데 필요한 것들이 주어져야 한다는 말이다.

(1) 종교 자체의 정체성을 분명하게 유지해야 한다. 그것을 신국神國이라고 할 수도 있고 '하나님의 나라'라고 할 수도 있다. 종교가 정치집단 같아서는 안 되고 이익집단이 되어서도 안 된다. 또는 종교는 다른 것들과 반반씩 섞여 있어서도 안 된다. 종교는 그것이 추구하는 것에 골몰해야 하고 순수해야 한다.

(2) 종교인은 자기 종교가 추구하는 최고의 선 또는 이념 또는 계명에 충실해야 한다. 마치 대한민국이라는 나라에 속한 국민이라면 대한민국이 추구하는 자유민주주의와 국토통일 같은 선을 이루기 위해서 노력해야 하는 것과 같다. 자기 종교의 선과 세속적 차선이나 악을 같이 신봉해서는 안 된다. 그것은 대한민국 국민이 적국의 국적을 동시에 보유할 수 없는 것과 같다. 자기 종교의 최고선을 지향하지 않는 신자는 그 종교를 어지럽히는 사람이다.

예를 들어 보자. 기독교가, 기독교의 신神이 추구하는 이념이 무엇이겠는가? 성경은 그것을 '사랑'이라는 한 단어로 집약한다.

그들 중 한 율법교사가 예수의 속을 떠보려고 "선생님, 율법서에서 어느 계명이 가장 큰 계명입니까?" 하고 물었다.
예수께서 이렇게 대답하셨다. "'네 마음을 다하고 목숨을 다하고 뜻을 다하여 주님이신 너희 하나님을 사랑하여라.' 이것이 가장 크고 첫째가는 계명이고, '네 이웃을 네 몸같이 사랑하여라' 라고 한 둘째 계명도 이에 못지않게 중요하다. 이 두 계명이 모든 율법과 예언서의 골자이다."[20]

그러므로 기독교인은 어떠한 상황에서도, 어떠한 경우라도 하나님과 사람을 사랑하는 것이다. 그 사랑을 이루려면 어떤 때는 내가 희생을 하거나 당하게 된다. 그 희생을 감내하기 싫어서 사랑을 외면하거나 사랑할 수 있는 기회를 버린다면, 그 사람은 기독교 밖에 있는 것이다. 그래서 예수는, 신자는 자기가 불리한 여건이더라도 피하지 말고 적극적으로 사랑해야 한다는 것을 분명하게 가르쳤다.

눈眼은 눈으로, 이齒는 이로 갚으라고 너희들이 배웠으나, 나는 너희에게 다르게 말한다. 너희들은 악한 사람을 대적對敵하지 말라. 누가 너의 오른편 뺨을 때리거든 너는 왼편도 그 사람에게 돌려 대라. 또 너를 고소하여 속옷을 빼앗으려고 하는 사람에게는 겉옷까지도 가지게 주라. 또 누가 너를 억지로 오리五里를 가도록 강요하거든 그 사람과 십리十里를 동행하여 주라. 너에게서 구하는 사람에게 네가 주며 너에게서 빌리고자 하는 사람에게 네가 거절하지 말라.

또 '너의 이웃을 사랑하고 너의 원수를 미워하라' 하였다는 것을 너희가 들었으나, 나는 너희에게 말하노니 너희의 원수를 사랑하며 너희를 박해하는 사람을 위하여 기도하라. 그렇게 하면, 하늘에 계신 너희 아버지의 아들이 되리라. 하나님이 그 해太陽를 악인惡人과 선인善人에게 골고루 비추시며 비雨를 의로운 사람과 불의한 사람에게 똑같이 내려 주시기 때문이니라.

너희를 사랑하는 사람을 너희가 사랑하면 무슨 상을 받겠느냐? 세관원稅關員도 그처럼 하지 않는가? 또 너희 형제들에게만 너희가 문안하면 남보다 더 잘하는 것이 무엇이냐? 이방인들도 그처럼 아니하느냐? 그러므로 하늘에 계신 너희 아버지의 온전하심처럼 너희도 온전하라.[21]

이것이 성경을 믿는 사람이 이르러야 할 사랑의 경지인 것이다. 신의 나라가 이 땅 위에 이루어진다면 그것은 사랑과 평화의 나라이다. 원수라도 사랑하라는 것이 예수의 가르침이다. 원수를 사랑하기란 사실 어렵다. 그렇기 때문에 신神의 도움이 필요하다. 그래서 종교인은 기도하는 것이다. 기도를 함으로써 사랑할 수 있는 힘을 충전하고 증진한다. 기도를 하는 이유가 바로 그것이다.

(3) 마지막으로, 신자들이 이 세상을 살아가는 데 필요한 것들은 종교라는 테두리 안에서 주어져야 한다. 신자들은 눈에 보이는 육신을 쓰고 산다. 인간은 또한 영적인 존재이므로 정신적이고 영적으로 필요한 것

들이 있다. 특히 그 종교의 이념을 이루는데 필요한 것을 종교는 충족시켜 주어야 한다.

대한민국의 국민으로서 의무를 다하고 대한민국이 추구하는 이념에 충실한 사람이라면, 대한민국이 주는 모든 혜택은 다 받게 된다. 예를 들면, 먹고 살도록 경제활동을 하고, 아이들이 의무교육을 받고, 생존을 위한 보호도 받을 수 있다.

이와 같이 종교 안에서 신이 내린 계명이념을 추구하는 사람은 그 신의 나라의 국민으로서 살아가는데 필요한 모든 것을 부여받을 수 있어야 한다는 말이다.

그 종교의 '국민'으로 살아가는 데 필요한 것이 무엇인가? 그것은 그 종교의 이념, 최고선을 이루는 데 필요한 것, 즉, 기독교적으로 말하자면, 예수가 말한 사랑을 이루는 데 필요한 지혜와 용기와 정성과 생각과 힘과 여건을 갖추어 주신다는 말이다. 예수는 하나님의 나라에 속한 사람은 하나님이 다 돌보시니 먹고 사는 문제에 집착하지 말라고 가르쳤다.

> 그러므로 내가 너희에게 말하거니와 삶을 위하여 무엇을 먹을까 무엇을 마실까, 몸을 위하여 무엇을 입을까 염려하지 말라. 삶에는 음식보다 더한 것들이 있으며 몸에는 의복보다 더한 것들이 있지 아니하냐?
>
> 공중의 새를 보라. 심지도 않고 거두지도 않고 창고에 모아들이지도 아니하지만 너희 하늘 아버지께서 먹이신다. 너희는 이것

들보다 훨씬 더 가치가 있지 아니한가? 그리고 너희 중에 누가 염려함으로써 자기 인생의 길이에 단 한 시간이라도 더할 수 있겠는가? 또 너희는 어찌 의복을 위하여 염려하는가? 들에 있는 백합화가 어떻게 자라는가 생각하여 보라. 수고도 아니하고 길쌈도 아니한다. 그러나 내가 너희에게 말하는데, 솔로몬마저도 그가 가진 모든 영광으로 입은 것이 이 꽃 하나만도 못하였다. 오늘은 살아 있다가 내일 아궁이에 던져지는 들풀도 하나님이 이렇게 입히시거늘 하물며 너희는 얼마나 더 입히시겠는가?

믿음이 작은 자들이여. 그러므로 염려하여 말하기를 '무엇을 먹을까', '무엇을 마실까', '무엇을 입을까' 하지 말라. 이는 다 이방인들이 전력을 다하여 구하는 것이라. 너희의 하늘 아버지께서 이 모든 것들이 너희에게 필요한 줄을 아신다. 그런즉 너희는 먼저 그의 나라와 그의 의를 구하라. 그리하면 이 모든 것을 너희에게 더하실 것이다. 그러므로 내일을 염려하지 말라. 내일은 내일이 알아서 처리할 것이요, 날마다 그날에 해당하는 괴로움이 있다.22

이것이 정말 먹고 사는 문제에서 자유로워진 신앙인의 삶인 것이다. 그것은 참으로 스스로 만족하는 삶이며, 모든 것을 관조하는 생활방식이며, 아무 것에도 집착하지 않는 자아이다. 또, 남이 잘 되는 것을 기뻐하는 이웃이며, 선함을 원하는 신神의 뜻을 따라서 아무런 악을 생각하지도 행하지도 아니하고 오히려 한없이 주고 한없이 사랑하며 아무 것에 대해서도 염려하거나 걱정하지 않는 순진무구한 정신자세이다.

그런 삶은 남이 보기에는 어리석어 보일 수도 있다. 그러나 미래의 걱정을 미리 당겨서 오늘 괴로워하는 뭇사람들과는 다른 평온한 삶을 사는 것이다. 그러니 그 사람이 신神에게 달라고 구하는 모든 것이 도를 어김이 없으므로 다 이루어지는 것이다.

만약에 당신의 종교가 당신에게 큰 의미가 있다면, 남들에게도 당신의 종교가 그렇게 큰 의미가 될 수 있도록 당신이 바르게 살아야 한다.

종교는
마음의
혁명이다

　　　　　사람이 소유한 것 중에는 전대前代의
가르침이란 것이 있다. 아버지의 가르침, 어머니의 유언이 어떤 물질적
인 자산보다 더 위대한 가치를 발휘할 때가 있다. 일반적으로는 성인聖
人들의 가르침이 인류의 정신적 유산으로 언급된다.
　모든 성인들의 가르침은 남다른 데가 있으며, 정신이 확 들게 하는
'다름'이 있다.
　소크라테스가 감옥에 갇혔을 때, 제자들은 악법으로 인한 사형이니
옳지 않다며 탈옥을 제안하였다고 한다. 그런데 소크라테스는 '악법도
법이다'라면서 사형을 받아들였다는 유명한 일화가 있다. 그런데 사실
은 소크라테스는 그런 말을 한 적이 없다고 한다.
　소크라테스는 삶과 죽음을 초월했던 것 같다. 그는 악법에 의해 무고

한 사람이 죽으면 안 된다는 것을 보여주기 위해 역설적으로 선선히 사형을 받아들인 것이다. 그렇게 보면 소크라테스는 말만이 아니라 온 몸으로 가르침을 베푼 선생님이었다고 할 수 있다.

자기 자신을 죽이는 사형을 받아들이면서 인간들이 무엇인가 배우기를 원했던 그의 가르침은 혁명적이었다. 우리가 여기에서 무엇을 배우지 못한다면 희망이 없다.

마하트마 간디의 불복종 비폭력 무저항주의는 유명한 투쟁방식이었다. 물리적인 힘을 사용하지 않았지만 보이지 않는 힘이 그의 활동에 강력한 추진력을 불어넣었다. 간디의 방법은 혁명적이지 않은 것 같았으나 혁명적인 결과를 초래하였다. 간디는 기독교인이 아니었으나 성경을 많이 읽었고 예수의 가르침에서 행동의 지침이 되는 교훈을 얻었다고 한다.

미국에서는 조지 워싱턴과 마틴 루터 킹 두 사람을 기념하여 공휴일로 지킨다. 마틴 루터 킹은 차별과 학대를 당하는 흑인의 인권을 신장하기 위해 비폭력 무저항주의를 행동 지침으로 삼았다.

소크라테스, 간디, 마틴 루터 킹, 그리고 많은 현자들과 성인들이 추구하였던 것은 더 훌륭한 인간, 더 나은 사회, 사람이 사람답게 사는 세상이었다. 그런 노력의 최고봉은 예수에게서 발현되었다.

예수는 사랑을 가르치고 대적해 오는 자들에게 반항하지 아니하고 사형을 당하였다고 신약성경은 증언하고 있다. 그래서 그의 행동은 비폭력 무저항주의의 시원始原이라고 말하는 사람도 있다.

그러나 예수를 그런 차원으로 보는 것은 그에 대한 올바른 평가가 아닐 수도 있다. 예수는 그보다 훨씬 더 높은 차원의 가르침을 베풀었기 때문이다. 예수가 자기 사명의 목적으로 내세운 것은 인류의 내면에 있는 죄악의 근성과 활동력에 대한 근본적인 해결이었다.

예수는 바로 그 원인을 제거하는 데 자신의 삶을 걸었다. 그것은 인간과의 육체적인 싸움이나 제도나 정치권과의 싸움이 아니라, 인간을 타락하게 만드는 보이지 않는 영적인 세력과의 싸움이었다. 그래서 예수는 완전히 다른 방식으로 살아간 것이다.

우리에게는 그의 삶이 일견 비폭력 무저항주의처럼 보일 수도 있다. 그러나 실은 그보다 더 높은 차원이었다. 그는 악한 자를 이기려고 한 것이 아니라 사람 속에서 악을 일으키는 그 근원을 뿌리 뽑으려고 한 것이다. 그는 악은 미워하였으나 사람에 대해서는 한없이 부드러웠다. 그래서 그는 자기에게 사형을 언도하고 죽이는 사람들을 보면서 "하나님 저 사람들을 용서하여 주소서. 저 사람들은 자신들이 무엇을 하고 있는지 모르고 있기 때문입니다"라고 기도하였다.

예수는 스스로 평화로운 사람이었다. 그는 억울한 죽음을 당하면서도 어떠한 저주도 퍼붓지 않았다. 그가 죽음에서 부활하면서 터뜨린 제1성은 다름 아닌 평화의 메시지였다. "다른 사람들을 화평하게 하는 사람은 복이 있는 사람이며, 바로 그 사람이 신의 아들이다"라고 갈파하였다. 이것은 그를 죽이는 사람들을 위하여 한 기도와 같은 맥락이다.

그가 제자들에게 내린 가르침은 실로 파격적이고 혁명적이었다. 예를 들어 보기로 하자. 예수는,

눈眼에는 눈으로, 이齒에는 이로 갚으라고 너희들이 배웠으나,

> 나는 너희에게 다르게 말한다. 너희들은 악한 사람을 대적하지 말라. 누가 너의 오른편 뺨을 때리거든 너는 왼편도 그 사람에게 돌려 대라.[23]

라고 가르쳤고 자신이 그대로 실천하였다. 이것이 비폭력 무저항보다 차원이 훨씬 높은 것이다.

이 가르침은 기원 1세기인 그때 근동지방유럽에서 가까운 동쪽. 지금의 중동에 사는 사람들이 배워온 것과는 정반대인 생각이다. 고대 히브리인들을 포함하여 그곳 사람들은 피해를 입은 만큼 같은 양의 복수로 되갚아 주는 것이 정의라고 배웠다.

> 생명에는 생명으로, 눈에는 눈으로, 이에는 이로, 손에는 손으로, 발에는 발로 갚아 주라.[24]

좀 더 자세하게 들여다보자. 구약성경의 다른 곳에서는 부연설명이 더 길다.

> 만일 사람이 자기 이웃에게 상해를 입혔으면 가해자가 행한 대로 갚아 주라. 상처에는 상처로, 눈에는 눈으로, 이에는 이로 갚아 주라. 남에게 상해를 입힌 그대로 가해자에게 그렇게 하라. 짐승을 죽인 자는 그것을 변상해야 한다. 사람을 죽인 자는 죽여라. 너의 땅에 사는 너의 민족이거나 외국인이거나 그 법을 균일하게 적용하라. 나는 너희의 신 야웨이다.[25]

왜 지금 이스라엘과 팔레스타인의 싸움은 끝이 없는가? '눈에는 눈'으로 복수하라는 식으로 살기 때문이다. 그것이 중동 사람들의 생활방식이다. 나아가 한 대를 맞으면 한 대만이 아니라 두 대, 세 대를 때리려는 것이 사람이다. 그러니 정의를 세우려 하다가 다시 불의에 빠지게 되는 것이다. 셰익스피어의 명작 《베니스의 상인》은 그것을 잘 묘사하여 보여준다.

예수는 그 악순환의 고리를 끊은 것이다. 율법적 정의관에 대혁명을 일으켰다. 오른 뺨을 맞았는데 왼 뺨을 돌려 댄다는 것은 투쟁이나 저항 정신을 말하는 것이 아니다. 인간의 끝없는 이기적이고 불법적인 계산에 대해 저주와 심판이 아니라 신神의 은혜를 퍼부었다. 예수의 가르침은,

너희 원수를 사랑하며 너희를 미워하는 사람에게 선을 베풀라.
너희를 저주하는 자를 축복하며 너희를 모욕하는 자를 위하여
기도하라[26]

에서 절정을 이룬다. 이것은 인격의 내적 혁명이다. 남을 향한 투쟁이 아니라 자신이 완전히 달라지는 내적 혁명이다.

기독교인들이 예수가 가르친 대로 한다면 사회는 혁신적으로 달라질 것이다. 정신적이고 영적인 인격의 내적 대혁명이 필요한 때이다. 새로운 아이디어가 아니라 이미 가르쳐 준 진리 속에서 인성의 혁명의 불꽃이 타올라야 할 것이다. 성경을 삶의 원리로 삼는 사람이라면 혁명적으로 평화로워져야 한다. 그러자면 남의 눈에는 바보처럼 보여야 할 것이다. 종교의 껍데기가 중요한 것이 아니라 내용이 중요하다.

하늘이 무너져도
솟아날
구멍은 있다

　　　　　　　　　살다 보면 난처한 상황에 빠지는 경우가 있다. 그런데 전혀 모르는 사람이 적당한 때 나타나서 도와준다면 얼마나 고마운가. 거기에는 신의 손길이 있다.

　내가 이스라엘에서 교편을 잡고 고고학에 열중하고 있을 때였다. 고고학 유적지 답사에 필요해서 무쏘 중고 지프차를 한국에서 들여왔다. 이스라엘 남부 해안 아시도드Ashdod에 있는 세관에서 차를 인수하고 처음으로 가 본 유적지는 엘라 골짜기에 있는 '소코Socoh'였다.

　구약성경에 따르면 그곳은 기원전 1,000년쯤에 이스라엘 나라의 다비드와 불레셋 나라의 골리앗이 싸웠다는 격전지이다. 다비드가 속한 사울 왕의 군대와 대치하던 골리앗의 불레셋 군대가 진을 쳤던 곳이다. 당시 나는 그 유적지를 발굴할 생각을 하고 있었기 때문에 시간 나는 대로 그곳의 지표를 조사하곤 하였다.

그 유적지는 산 정상에 있다. 늘 산 밑에서 걸어 올라가느라고 힘들었는데, 그날은 지프를 4륜구동으로 놓고 올라갔다. 산이 그리 높지는 않으나 경사가 급해서 뒤로 넘어질 듯한 느낌이었다. 산의 정상에 서서 보는 지중해로 기우는 이른 석양빛은 유적지의 분위기와 어울려 신비감을 자아냈다. 나는 유적과 유적을 어루만지는 저녁 해의 부드러운 빛과 지중해에서 불어오는 바람에 흠뻑 취했다.

토기 조각들을 줍고 흙을 뚫고 삐죽하게 내민 돌담을 가늠하며 시간을 보내다 보니 해가 지중해로 빠지고 있는 줄도 몰랐다. 어둠이 깔리기 시작하는 것을 느낀 나는 다시 지프를 몰고 산을 내려왔다.

포장도로로 나왔다. 이제는 달려서 해발 800m에 있는 예루살렘으로 돌아가야 했다. 나는 차를 멈추고 4륜구동 모드에서 정상 모드로 바꾸었다. 그러나 차는 여전히 4륜구동 모드였고 속도를 낼 수 없었다. 50km/h 정도로 속력을 냈더니 차가 불평하는 소리를 질렀다.

나는 4륜구동 모드에서 빠져 나오려고 애를 썼다. 허사였다. 그 차의 설명서대로 해봐도 정상 모드가 안 되는 이유를 알 수 없었다. 길은 어두워지고 지나가는 차량은 없었다. 40km/h 정도로 서행하면서 예루살렘으로 가는 수밖에 없었다.

언뜻 뒤쪽에서 자동차 불빛이 비쳤다. 혹시나 해서 길가에 나가 손을 들었다. 대개는 그래봐야 서 주지 않는다. 그런데 그 차가 섰다! 까만 머리를 귀밑까지 기르고 까만 옷을 입은 정통파 유대인 남자가 내렸다. 갸름한 얼굴에 마른 체구였다. 그런데 그가 몰고 온 차도 무쏘였다. 그 사람은 무쏘가 보여서 호기심에 섰다고 했다.

그는 내 차의 기어를 넣어 보더니, 기어를 중립으로 놓고 4륜구동에서 정상 모드로 바꾸어야 하는데, 기어를 중립으로 놓아도 중립 모드인 N 글자에 불이 안 들어온다고 말했다.

그 남자는 휴대용 전화기를 꺼내더니 텔 아비브에 있는 무쏘 정비소에 전화를 걸었다. 거기까지는 교통이 혼잡하지 않으면 한 시간 반 정도 걸리는 거리였다. 그는 한참 전화를 하고 나서는 다음 날 정비소에 가는 수밖에 없다고 했다.

우린 이런저런 얘기를 했다. 이스라엘에 무쏘는 많지 않은데 우리가 한적한 산길에서 그것도 어두운 저녁에 만났다는 게 신기하다고 우리는 서로 이야기를 했다. 그는 신은 언제나 우리의 형편을 알고 있다고 했다.

그는 조용히 웃으면서 기도를 하자고 했다. "자, 이제 기도를 했으니 한 번만 더 시도해 봅시다. 이번에 되면 다행이고 안 되면 어쩔 수 없이 그냥 가세요. 그리고 내일 텔 아비브에 있는 무쏘 정비소로 가세요. 다른 데는 가지 마세요. 그 정비소에 있는 주인이 무쏘 문제에 대해서는 이스라엘에서 최고 전문가입니다. 그 사람은 한국에 가서 직접 교육도 받고 왔어요."

그리고 그 남자가 다시 차를 시동하고 기어를 중립으로 놓았다. 어라. 이번에는 N자에 초록빛 불이 선명하게 들어왔다. 그가 소리를 질렀다. 절대로 차의 시동을 끄지 말라고. 우린 너무 기뻐서 악수한 손을 놓지 않았다. 그는 나에게 자기의 전화번호와 그 무쏘 정비소의 전화번호를 주었다. 나는 너무 고마워서 뭐라고 할 수 없었다. 그는 웃었다. 신이 도우셨다면서. 시간은 이미 밤 9시였다.

다음 날, 나는 예루살렘에서 텔 아비브에 있는 그 정비소를 찾아갔다. 정비소에는 무쏘들이 가득 차 있었다. 주인은 나를 보더니 어제 고생했다고 하면서 처음 왔으니 순서에 상관없이 봐주겠다고 하였다. 검사를 마친 후에 그가 말했다. 무쏘의 차체 밑에는 중립 기어N에서 4륜구동이 되게 하거나 해제하는 컴퓨터 칩이 있는데 그게 고장이 났기 때문에 N자에 불이 들어오지 않은 것이라고 설명하였다.

반 시간 정도 걸려서 수리가 끝났다. 주인은 나에게 저쪽으로 돌아가면 세차장이 있으니 가서 자기가 주는 쿠폰으로 세차를 하고 가라고 말하였다. 내가 수리비를 지불하려고 하자 그는 껄껄 웃으면서 말했다.

"이제 당신은 나의 포로가 되었으니 당신에게서 돈을 벌 기회는 얼마든지 있소. 그래서 오늘 수리비와 세차비는 내가 내는 거요."

그 후에는 그 주인의 예언(?)대로 무쏘의 정비는 언제나 그곳에 가서 하였다. 예루살렘에도 무쏘 정비소가 있었지만, 나는 텔 아비브까지 그 정비소를 찾아갔다.

엘라 골짜기에서 중고차의 불량 부품이 문제를 일으켰지만, 그것 때문에 좋은 사람들과 알게 되고 그 차에 대한 전문가를 만나게 되었으니 어려움이 변해서 좋은 일이 된 것이다.

> 야웨 신의 눈은 사람의 길들을 살피시며, 그의 모든 발걸음들을 보고 계시다.[27]

문제가 어려우면
신기하게 풀린다

　　　　　　　　　　내가 미국에서 박사학위 과정을 마치고 처음으로 교편을 잡은 곳은 이스라엘 예루살렘에 있는 한 대학이었다. 정들고 지겹기도 했던 미국 대학의 교정을 떠날 때 교수들은 생각하기를 멈추지 말라고 했고, 친구들은 실컷 놀라고 했다.

　이스라엘로 떠날 준비를 하며 캐논 휴대용 복사기를 하나 사서 배편으로 가는 이삿짐에 넣었다. 당시 이스라엘에는 복사기가 귀해 복사비가 비싼 형편이었다.

　나는 도서관이나 자료실에서 무엇을 읽거나 찾으면 복사를 해두는 버릇이 있었다. 이스라엘 내의 여러 곳에 있는 박물관이나 대학도서관이나 정부자료실 같은 곳에 가서 자료를 보거나 연구를 하게 되면 내 복사기를 가지고 가서 복사를 할 생각이었다. 내 얘기를 들은 친구들은 한국 사람은 생각이 다르다고 했다.

이스라엘에 도착해 한 달 반을 기다리니 이삿짐이 도착하였다. 복사기를 꺼내 놓고 시험 작동을 하는데, 선명하게 복사된 종이가 잘 나오다가 멈추는 것이었다. 다시 해보아도 같았다. 멀쩡한 새 제품이건만, 참 알 수 없는 일이었다. 그래서 이곳저곳에 문의를 했더니, 이스라엘의 전기는 사이클이 50헤르츠이고 미국은 60헤르츠라서 그런 문제가 생긴다는 것이다. 컴퓨터나 텔레비전이나 다른 기계들은 대개 별 영향을 받지 않지만 복사기는 정확하게 영향을 받는다는 설명이 따랐다.

동료 교수들은 미국으로 가는 사람에게 선물로 주어 버리라고 했고, 어떤 사람은 마침 미국에 가니 자기에게 기증해 달라고 하였다.

복사기의 엔진을 갈 수 있느냐고 복사기 수리전문점에 문의했더니 안 된다고 했다. 그럼 50헤르츠로 가동되도록 전기 회선을 바꿀 수 있느냐고 물었지만 그것도 안 되었다. 전기전자 전문가들과 대화를 해 보았으나 소득이 없었다. 시간은 흘러갔고, 나의 복사기에 침을 흘리는 사람들의 집요한 공격은 늘었다 줄었다 하였다.

그런 와중에 전화 한 통을 받았다. 그 남자는 둔탁한 목소리로 "미국에서 사 온 휴대용 캐논 복사기를 가지고 있느냐"고 물었다. 그래서 내가 "그것을 어떻게 알고 있느냐"고 되물었다.

자기는 텔 아비브에 있는 캐논 복사기 총판에서 근무를 한다고 했다. 그런데 다음 주에 미국으로 출장을 가는데 할 일이 많아서 휴대용 복사기를 하나 가지고 다닐 필요가 있는데, 미국에 맞지 않는 것을 가지고 가 봐야 소용이 없어서 궁리중이라고 했다. 상급자에게 미국에서 하나 사서 쓰도록 허락해 달라고 했으나 출장이 끝나고 이스라엘에 그것을 가지고 오면 무용지물이 되기 때문에 낭비라며 허락을 안 해 준다는 것이었다.

그러다가 예루살렘 근처에 있는 팔레스타인 아랍인 전기공과 대화를 하는 중에, 어떤 한국인이 미국에서 캐논 휴대용 복사기를 사왔는데 쓰지 못하고 있다는 이야기를 들었다는 것이었다. 그는 나의 복사기를 자기 회사에 가지고 오면, 이스라엘용用 새것으로 교환해 주겠다고 했다.

나는 눈이 펑펑 내리는 날, 예루살렘에서 텔 아비브로 한 시간 차를 몰아서 그 회사를 찾아 갔다. '캐논 이스라엘'이라는 간판이 붙은 건물이었다. 그는 내 복사기를 보더니, 이스라엘용 캐논 휴대용 복사기를 뜯지 않은 상자채로 주었다.

그러면서 "그 참 신기하다. 이렇게 될 수 있는 확률이란 거의 없는데……. 이것은 나를 돕는 엘로힘히브리어로 신의 섭리이다"라고 말했다. 그 말에 나는 "엘로힘은 당신과 나의 문제를 동시에 해결하고 양쪽이 다 행복하게 하셨다"라고 대답했다. 그는 그렇다고 맞장구를 쳤고, 우린 웃으며 헤어졌다. 일이 이렇게 해결되자 사람들은 신기해서 너무 놀랍다는 말 외에는 달리 표현을 찾지 못했다.

그런데 재미있는 것은, 그 캐논 회사 직원은 유대인이었고, 그에게 나에 대한 정보를 준 사람은 팔레스타인 아랍인이었고, 나는 미국에서 온 한국인이었다. 이 세 사람이 꼭 만나야 할 이유나 당위성은 없었으며, 특히 유대인과 팔레스타인 사람은 좋은 관계가 아니었다. 그러니 참으로 신기한 일이 아닐 수 없었.

> 나에게 어려운 문제가 있는 날에 내가 주를 찾겠노라.
> 왜냐하면 주께서 나에게 응답하실 것이기 때문이다.[28]

.6.

유소유 有所有

시나리오나 대본도 없이 인생의 무대에 선 우리들은
갈팡질팡하기 쉽다.
많은 것을 모은다고 행복해지는 것은 아니다.
더불어 사는 하모니가 우리를 행복하게 한다.
남과 사회가 간절히 필요로 하는 것을 줄 수 있는 사람이 되자.
남에게 좋은 것을 주려면 내가 좋은 것을 가지고 있어야 한다.
사회를 이롭게 할 수 있는 '유익한 소유'를
증폭하고 내어 놓고 공유하자.
낙오자 없이 다 함께 가자.

유소유

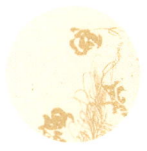

우리는 새처럼 하늘을 나는 기술
을 배웠고 물고기처럼 바다에서 항해하기를 배웠다. 그러나 우리
는 아직도 이웃과 함께 사는 단순한 기술을 배우지 못하고 있다.

미국 인권운동가 마르틴 루터 킹 주니어가 1964년 노벨 평화상 수상
식에서 한 말이다. 상황과 시간과 장소가 다른 곳에서 활동했던 사람이
남긴 말이 왜 지금 우리의 마음에 메아리치는가?

우리 아파트 근처에 새로운 아파트가 지어지기 시작했다. 창문을 통
해서 내려다보니 매일 많은 양의 흙을 퍼내고 드디어 드러난 반석에 빨
간 페인트로 건물의 기본 위치를 그려 놓았다. 건물을 짓는 것이 신기하
고 재미있어서 나는 시간이 나면 구경을 했다. 그런데 어느 날인가 우리

아파트 옥상에서 밑으로 검은 천들이 걸렸다. 그 현수막에는 "○○아파트 공사 결사저지" 같은 으스스한 문구들이 적혀 있었다.

그리고 공동대처위원이라는 분들이 찾아와서 결사저지를 위해 민원을 내야 하니 서명을 해 달라고 하였다. 명단을 보니 이미 우리 아파트 주민 반 이상이 서명을 한 상태였다. 무엇 때문에 아파트를 건축하지 못하게 막아야 하느냐고 물었다. 이유는 너무 시끄럽고 분진이 많이 나서 우리 아파트에 사는 사람들이 고통을 당한다고 하였다.

그것뿐이냐고 물었더니, 그럼 그 외에 뭐가 더 있겠냐고 도리어 나에게 물었다. 나는 그런 이유로 남의 공사를 방해할 수는 없다고 잘라 말했다. 반대하는 사람들이 분주히 움직이니 공사장에서는 토요일과 일요일에는 공사를 하지 않았고 아침 10시 전에는 소음이 나는 공사를 자제했다. 나는 그 정도로 끝이 나는 줄 알았다.

그러나 며칠 후에 사람들이 다시 민원서류를 들고 찾아왔다. 명단을 보니 대여섯 가정을 빼고는 모두 서명을 하였다. 이런 민원을 내면 진행 중인 공사가 정지될 것 같으냐고 물었다. 정지는 안 되겠지만 보상은 받을 수 있을 것이라고 하였다. 왜 그래야 하느냐고 물었더니 우리 아파트를 지을 때도 건너편 다른 아파트에 사는 사람들이 민원을 내고 저지를 해서 보상해 주었기 때문에 우리도 보상을 받아야 한다는 것이었다.

"우리나라에서 소리가 안 나게 공사하는 건축공법이 개발되었나요?" 내가 물었다.

"아니오, 그런 건 없는 걸로 아는데요." 그들 중 한 사람이 대답했다.

"우리나라에서 분진이 안 나게 공사하는 건축공법이 개발되었나요?" 내가 다시 물었다.

"아니오. 그런 것도 없는 걸로 아는데요." 그가 다시 대답했다.

나는 어처구니없어서 이렇게 말했다. "그래요? 그렇다면 공사하는 데서 소음이 나고 먼지가 나는 것이 당연한데, 좀 불편하다고 정당하게 허가 받아서 하는 건축공사를 목숨 걸고 저지해서야 되나요?" 그는 웃으면서, "그렇긴 한데, 요즘 다들 그래요. 사장님만 모르시나 봐요"라고 대답했다. 나는 사업이 뭔지 모르는 나를 사장이라고 하니 다시 웃음이 나왔다. 그들은 나의 서명을 받지 못하고 돌아갔다.

얼마 후 우리 아파트는 결국 보상금을 받았고, 그것으로 아파트 건물들을 둘러서 나무 울타리를 치고 헬스센터를 만들게 되었다는 공지가 나붙었다. 나는 하얗게 칠한 울타리를 보며 깜깜한 어두움을 느꼈다.

요즘 우리나라의 이혼율은 경제협력개발기구OECD 국가들 중에서 가장 높다고 한다. 이혼이 좋으냐 나쁘냐는 차치하고, 많은 이혼을 발생시키는 주된 이유가 무엇인지 궁금하지 않을 수 없다. 통계청이나 결혼정보회사 등의 조사에 따르면 이혼하는 가장 큰 이유는 '성격 차이'라고 한다. 수십 년 동안 다른 배경에서 자란 남녀가 같이 살게 되었으니 당연히 잘 맞지 않을 수 있다. 그것이 이혼사유가 된다면 요즘 젊은이들이 같이 사는 일에 얼마나 서툰지 알 만하다.

2006년 한국청소년개발원에서 고등학생들과 대학생들을 대상으로 전쟁이 일어나면 어떻게 하겠느냐는 설문조사를 한 적이 있다. 그 물음에 '나라를 위해서 싸우겠다'고 한 학생들이 10.2%였다고 한다. 5년이 지난 2011년에 한국청소년미래연합이 전국 400개 중고등학교 2,500명 학생들을 대상으로 같은 질문을 했다. 그 결과 19.5%가 참전을 하거나 돕겠다고 했고, 58.8%는 해외로 도피하겠다고 답했다.

놀라운 것은 다른 문항에서 적국에 대해서는 강력한 군사대응이나 보복을 해야 한다고 답한 학생들이 59.6%였는데, 자신이 전쟁에 참여하겠다고 한 학생들은 훨씬 적었다는 점이다. 책임은 남에게 지우고 살겠다는 마음인 것 같아서 씁쓸하다. 그리고 보니 애국가 4절 '괴로우나 즐거우나 나라 사랑하세'를 부르지 않은 지가 오래 되었다.

위에서 본 것처럼, 사람들이 이웃과 사회를 위하여 내어 놓는 것이 이런 수준이라면 방향 수정이 필요하다. 스스로 좋은 것을 가지고 있어야 남사회에게도 좋은 것을 줄 수 있는 것이다.

우리가 사회를 이루고 남과 함께 살자면, 선한 일에 힘쓰고 내 것을 내놓아서 함께 누려야 한다. "셰어합시다"라는 말을 자주 듣는데, 그 뜻은 우리말로 '나눈다'이지만 이는 의미를 새겨서 음미해야 할 말이다. 영어 'Share'는 '공유한다'는 뜻이다.

저 아이는 컴퓨터가 없으니 너의 것을 공유해서 같이 쓰라는 것이고, 선생님이 결근했으니 두 반이 선생님 한 분을 공유해서 학습을 하라는 것이다. 100을 둘로 나누면 50이 되지만 공유하면 200의 효과가 난다. 즉, 나눔으로써 공유하는 것이다.

내 것을 내놓는 일을 나누는 것으로 생각하니 인색해진다. 그러나 공유한다면 풍성해진다. 그러므로 우리는 내 것을 내놓아 남과 공유해서 더 좋은 삶을 살아야 한다. 무엇인가 내놓아 남과 공유하려면 소유한 것이 있어야 한다. 그것이 무엇이겠는가?

음식이나 꽃이나 책이나 돈과 같은 물질이 그 대상일 수 있다. 또한 어떤 생각이나 조언이나 가르침이나 격려나 희생이나 봉사 같은 정신적 공유도 있다. 영적으로 심오한 체험이나 진리나 통찰이나 깨달음이나 사랑이나 용서가 그것일 수도 있다. 이처럼 무언가를 나누어 주고 공유하려면 그런 것들을 가지고 있어야 한다.

'무소유'라는 말도 그래서 생긴 것이라고 할 수 있다. 무소유의 개념은 불필요하게 많이 가지고 있는 소유들에 얽매이고 집착하고 더 많이 소유하려고 싸우는 악순환을 끊으라는 뜻이다. 다 버리라는 것이 아니라 아름다운 삶을 어지럽히고 망가뜨리는 욕심에 집착하지 말라는 말이다.

그 뜻이 참 좋다. 무소유라는 말을 직접 언급하지 않거나 쓰지 않는 사람들도 비슷한 말을 한다. 예를 들면 집안을 어지럽히는 것들을 효과적으로 버리는 법을 가르치는[29] 사람, 모든 것을 내려놓으라는[30] 사람, 많이 벌고 더 성공하려는 경쟁을 벗어나 자기의 리듬을 찾고 환경과 조화를 이루는 삶을 살자는[31] 사람, 마음을 비우라고 하는[32] 사람이 있다.

버린다는 것에 집착한 나머지 가정과 사회를 버리고 산으로 들어가거나 아예 삶을 버리는 사람들도 있다. 물론 무소유 개념 때문에 그런 것은 아니겠지만, '크게 버려야 크게 얻는다'는 말이나 '버리고 떠나기'라는[33] 말의 훌륭한 본뜻보다는 자구에 얽매인 현상이 아닌가 하는 우려도 생긴다. 반면에 '무소유로는 행복해질 수 없다'고 하는 목소리도 있다.[34]

내가 말하는 '유소유'는 '무소유'의 반대개념이 아니라 무소유를 확장하여 더 적극적으로 사회에 기여할 수 있는 토대로 쓰자는 뜻이다. 컴퓨터 용어로 말한다면 '확장 팩'이다.

즉, '유소유'는 물질적으로 불필요한 것을 버리는 것뿐만 아니라 한 걸음 더 나아가 정신적으로 영적으로 불필요한 것들도 버리는 것이다. 적극적으로 버리는 것이다. 미움, 싸움, 오해하기 쉬운 감정, 이기심, 알코올 중독, 욕심, 탐욕, 시기, 질투, 그런 육체적이고 정신적인 것들을 버리고, 영적인 다툼이나 독선, 타종교를 비하하거나 타종교인을 적대시하는 영적인 집착들을 버리는 것이다.

또 유소유는 필요 없는 것들을 버릴 뿐만 아니라 내게 필요한 것이라도 남을 위하여 기꺼이 내주는 것이다. 물질적인 것도, 정신적인 것도, 영적인 것도 즐거이 나누어 주고 공유하는 것이다. 이것은 무소유보다 한 단계 더 나아간 적극적인 개념이다.

나는 그것을 예수에게서 보았다. 예수는 자기를 따르려는 사람에게 소유한 것들을 가난한 사람들에게 주고 와서 자기를 따르라고 했다.[35] 그리고 그 스스로는 남을 위하여 생명까지 버렸다. 그의 생명을 빼앗아 갈 사람은 없지만 스스로 버린다고 하였다.[36]

적극적으로 버린 자리에 생긴 공간에는 유익한 것들로 채워야 한다. 감사, 사랑, 우정, 이해, 용서, 포용, 희생, 봉사, 희망, 웃음, 격려, 친절, 인내심, 부드러움, 책임감, 남의 짐을 져줌, 이런 좋은 것들로 물질, 정신, 영성의 공간들을 채우고 소유하여 자기 주변을 더 밝고 아름답고 신나고 살맛나는 곳으로 가꾸어 가자는 것이다.

그래서 나는 서문을 통해 물질적, 정신적, 영적 자산을 분수에 맞게 가지고 세상 속에 살면서 세상을 이롭게 하는 것이 진정한 의미의 소유이며, 그것을 유소유라고 말하였다.

그러니까 유소유의 개념은, 부조리하고 답답한 속세이지만 그 속에 살면서 맡은 책임을 잘 감당하며 세상을 더 나은 곳으로 만들기 위해 자신이 소유한 귀한 것을 나누고 공유하는 것이다. 즉, 나누고 공유하기 위해서 소유하자는 말이다. 소유한 것이 없으면 나누어 줄 수 없기 때문이다.

그렇듯 나누어 주기 위해서 소유한 것이 바로 유소유이다. 그냥 소유가 아니라 유익한 소유이다.

그렇게 하여 마르틴 루터 킹 주니어가 한탄한 '아직 배우지 못한 단순한 기술'을 실현하고 서로 웃고 격려하면서 살면 좋겠다.

욕심은
바로 죽여라

여든한 살의 나이에도 여전히 영화계에서 일하고 있는 클린트 이스트우드가 1973년에 형사 해리 캘러핸 역으로 출연한 영화 〈매그넘 포스Magnum Force〉의 마지막 장면이 아직도 기억에 생생하다. 영화 속에서 캘러핸은 이렇게 말한다.

사람은 자기의 한계를 알아야만 한다.
A man's got to know his limitations.

무슨 경전이나 자기계발서에라도 나옴직한 말이다. 사람이 무엇을 바라고 추구할 때 도를 넘는 욕심을 부리면 불행해질 수 있다. 말은 쉽다. 그러나 욕심을 스스로 경계하고 쫓아내기란 쉽지 않다. 불경에서는 그 말을 이렇게 전하고 있다.

> 논밭, 집, 황금, 말과 소, 노비, 고용인, 여자, 친척, 그 밖의 여러 가지를 탐내는 사람이 있으면 온갖 번뇌가 그를 이기고 위험과 재난이 그를 짓밟는다. 마치 부서진 배에 물이 새어들 듯이 괴로움이 그를 따르게 된다. 그래서 사람은 항상 바른 생각을 지키고 모든 욕망을 피해야 한다. 배에 스며든 물을 퍼내듯이 욕망을 버리고 거센 강을 건너 피안에 도달한 사람이 되라.37

'배에 스며든 물'을 퍼내지 않으면 항해에 방해가 되고 결국에는 침몰하게 된다. 인생과 욕심이 그런 관계라는 것이다. 새겨들어야 할 말이다. 그 뜻을 성경은 이렇게 말하고 있다.

> 부자가 되려고 애쓰는 사람은 유혹에 빠지고 올가미에 걸리고 어리석고도 해로운 온갖 욕심에 사로잡혀서 파멸의 구렁텅이에 떨어지게 된다.38

그렇게 유혹 당하게 하고 함정에 빠지게 하는 것은 다름 아닌 자기 자신의 욕심이다.39 그러므로 자기가 자기를 관리하지 않으면 안 된다. 청렴한 일꾼들이 있기는 있는데 희귀하다. 돈의 많고 적음으로 개인이나 기업의 성공을 가늠하는 것은 그렇다 치자. 이제는 학교나 종교도 경제력으로 말하고 정치와 국방도 돈으로 말하기 때문에 '경제논리'가 가장 힘 있는 시대가 되었다. 그런 시대 풍조는 부작용을 낳고 그 결과

거의 매일 부정부패와 관련된 뉴스가 이어지고 있다. 기원전 8세기에 이스라엘의 한 예언자는 이렇게 말했다.

> (그들은) 악한 일을 하는데 이력이 난 사람들이다. 모두가 탐욕스러운 관리, 돈에 매수된 재판관, 사리사욕을 채우는 권력자뿐이다. 모두들 서로 공모한다.[40]

욕심으로 일하는 사람들이 일시적으로 잘 되는 것 같이 보이지만 결국에는 파멸에 이른다. 그런 현상도 우리는 매일 보고 듣고 있다. 얼마나 많은 정치인들이 그렇게 무너지고 얼마나 많은 종교인, 교육자, 장군, 기타 지도자들이 몰락하고 있는지 헤아릴 수 없을 정도이다.

> 욕심이 잉태하면 죄를 낳고, 죄가 자라면 죽음을 낳습니다.[41]

소설 《연을 쫓는 아이》에서 바바는 아들 아미르에게, 이 세상에 죄는 한 가지밖에 없는데 그것은 '도둑질'이고 '다른 죄들'은 모두 도둑질에서 생기는 것들이라고 했다. 욕심이 잉태한 부정부패는 다 도둑질이고 그게 자라서 죽음몰락이 되는 것이다.

욕심이란 그런 것이다. 망한다는 것을 알면서도 통제가 안 되는 것이다. 그래서 어떤 사람은 산속에 있는 적은 잡을 수 있으나 자기 마음속에 있는 적은 잡을 수가 없다고 하였다. 그런 이유에 세상은 점점 더 악해지고 더러워진다.

세상이 더럽고 분주해서 사회를 버리고 산속으로 간 사람들도 있다.

지리산에서 매년 이 산 저 산 옮겨 가며 사는 아무개도 그런 사람이다. 가족, 직장, 먹고사는 걱정 다 버리고 지리산에 들어와 산 지가 이미 열다섯 해 정도 된다고 한다. 가끔 글을 써서 받는 원고료로 생필품을 사는 것 외에는 돈 쓸 일이 없고 재산도 없다고 한다.

산속에서 산다고 해서 사람이 자기 욕심에서 벗어날 수 있을까? 혹시 모든 시간과 삶의 에너지를 자기 자신만을 위해서 쓰는 욕심이 되지 않을까? 어쩌면 가정과 사회의 입장에서 보면 무책임한 것이 되지 않을까?

나는 어린 시절 강원도 산골에서 살았다. 산에는 산삼을 캐러 다니는 심마니들이 있었는데, 산삼을 더 많이 캘 욕심에 깊은 산속을 다니다가 죽음을 당하는 경우가 있었다. 겨울에 눈이 많이 내릴 때는 장정들이 싸리나무와 새끼줄로 만든 설피를 신고 산으로 곰사냥을 가곤 했다. 그런데 많이 잡겠다는 욕심에 너무 깊은 산에 들어갔다가 도리어 짐승에게 변을 당하거나 북한에서 넘어 온 공비들에게 살해되기도 했다.

어디를 가든 욕심이라는 것은 그림자처럼 따라붙기 때문에 장소를 옮겨 봐야 헛일이다. 이미 욕심이 파멸의 인도자라는 것을 안 이상 망설일 것이 없다. 욕심은 달고 다닐 것이 아니라 마음을 당기는 바로 그 자리에서 죽여야 한다. 욕심을 놔두면 자꾸 자라기 때문이다.

그렇게만 한다면 도시의 한복판에 살아도 어디 가서 기도를 하거나 도를 닦는 사람처럼 마음이 평온하게 된다. 살고 있는 세상에서 욕심을 절대로 용납하지 않는 생활습관을 유지하는 것이 좋은 삶을 사는 방법이다.

15, 16세기 르네상스 시대의 이탈리아에서 그림, 조각, 건축을 망라

하여 최고의 명성을 떨쳤고 지금도 가장 위대한 예술가로 추앙받는 미켈란젤로는 이렇게 말했다.

> 조각彫刻은 덜어냄으로써 완성되는 것이라고 나는 생각한다.
> I consider sculpture to be that which is done by removing.[42]

조각하는 나무나 돌덩어리를 쪼아 내되 더도 덜도 말고 알맞게 남겨야 조각품이 된다. 또한 불필요한 부분들은 쪼아서 덜어 내지 않으면 조각품이 안 된다.

미켈란젤로의 말을 우리 인생에 멋지게 적용할 수 있다. 불필요한 것을 쪼아 낸다 하면 욕심이 0순위일 것이다. 인생에서 활기와 기쁨과 의미를 누리면서 삶의 목적을 이루자면 다 버려서는 안 되고 다 움켜쥐어서도 안 된다. 적절하게 버리고 알맞게 소유해야 한다.

사람답지 못하게 하는 것들은 버리고 인생의 목적에 적합한 것만 남겨야 한다. 욕심이 없는 삶, 정직한 소유로 자기에게 주어진 가정과 일들을 성실하게 돌보는 삶! 그것이 유소유의 삶이다. 그렇게 해서 세속에서 행복하게 살자는 뜻이다.

진정한
유소유자

인류의 스승이 될 만한 분들의 삶을 살펴보면, 대개 물질적으로는 가진 것이 별로 없었고 자기의 소유를 남에게 즐거이 주었다. 그들은 물질이나 기술이나 지식이나 사랑이나 무엇이든지 사람들이 필요한 것을 주었다.

가진 것이 없는 것으로 치자면 예수만한 인물도 없다. 그는 물질적으로 보자면 머리를 받치고 잠을 잘 수 있는 베개 하나 소유하지 않았다.

> 예수께서 말씀하셨다. "여우들에게는 굴이 있고, 공중의 새들에게도 집이 있지만, 인자에게는[43] 머리 둘 곳도 없다."[44]

그런 면에서 그를 무소유자라고 해도 괜찮을 것이다.

그를 따르는 사람들은 많았지만, 그의 정신세계와 영적사상을 진정으로 이해하는 사람들은 없었다. 그가 얼토당토않은 죄목으로 체포되었을 때 그를 따르던 사람들은 불똥이 자기들에게 튈까봐 멀리 떨어졌다.

그때 제자들은 예수를 버리고 모두 달아났다.[45]

그의 마지막은 초라하다 못해 비참하였다. 모든 것이 완전히 끝난 것처럼 보였고, 다시는 그의 이름이 사람들 입에서 나올 것 같지 않았다. 장례식도 허름하였다.

그러나 '게임 끝'을 선언했던 사람들은 시간이 흐른 후 '참된 이김'은 예수 쪽이 있음을 알게 되었다. 예수는 자기에게 필요 없는 것을 버린 것이 아니었다. 남에게 필요한 생명을 자기에게 가장 소중한 생명을 주어서 완성해 준 것이었다. 그는 자신을 죽이는 사람들을 위해서도 기도했다. "아버지 저 사람들을 용서해 주십시오"라고.[46] 그는 그저 무소유자가 아니라 남의 필요를 채워주기 위해서 자기에게 필요한 것을 기꺼이 적극적으로 내어 준 유소유자였다.

오래 전에 미국인 설교가 제임스 앨런 프랜시스는 청년들에게 예수가 어떤 사람이었는지 간명하지만 힘 있게 설파한 적이 있다. 그 설교는 '한 외로운 인생 One Solitary Life'이라는 글로 알려져 있다. 필자가 한글로 번역하여 아래에 소개한다.[47]

한 외로운 인생

알려지지 아니한 마을에서 농사짓는 아낙의 아들로 태어난 사나이가 여기에 있소.
그는 다른 마을에서 자랐소.
그는 서른 살이 되기까지 목수방木手房에서 일했소.
그리고 그는 3년 동안 돌아다니며 설교를 했소.
그는 집을 소유해 본 적이 없소.
그는 책을 저술한 적이 없소.
그는 사무실을 가져 본 적이 없소.
그에게는 가족도 없었소.
그는 대학 문턱에도 못 가 봤소.
그는 큰 도시에 발을 들여 놓은 적도 없소.
그는 자기가 태어난 곳에서 300km 이상 먼 곳을 여행해 본 적도 없소.
그는 위대함에 대개 따라붙는 그런 것들 중 하나라도 하지 않았소.
그는 자격증명서 같은 것을 가져 보지 않았지만 그 자신이 증명서였소…….
그가 아직 젊었을 때 군중이 반대하는 여론의 파도가 그를 덮쳤소.
그의 친구들은 그를 버렸소.
한 친구는 그를 배신하였소.
그는 그의 원수들에게 넘겨졌소.
그는 재판에서 조롱당하였소.

그는 두 강도들 사이에서 십자가에 못으로 박혔소.

그가 죽고 있을 때 사형 집행자들은 그가 지상에서 소유하였던 유일한 재산인 그의 겉옷을 걸고 도박을 했소.

그가 죽자, 친구 하나가 불쌍하게 여겨서 빌려 준 무덤에 그는 눕혀졌소.

길고 긴 열아홉 세기가 오고 갔는데, 오늘 그는 인류의 중심적 존재이며 동시에 전진하는 대열의 선봉이오.

지금까지 진군한 모든 군대들도, 그 동안 건조된 모든 군함과 해군들도, 이제까지 존재했던 모든 의회들도, 역사상 통치했던 모든 왕들도, 그 한 외로운 인생이 이 지상의 인류에게 끼친 정도의 강력한 영향을 끼치지는 못했다고 내가 말하는 것이 결코 과장이 아니오.[48]

그러므로 예수를 따르는 사람들은 호화롭고 권력지향적이어서는 안 된다. 소유하려고 열을 올리지 말고, 주기 위해서 밑바닥까지 낮아져야 한다. 교회가 혼탁하여졌다고 안타까워하며 자정自淨과 회개를 촉구하는 운동이 일어나는 것은 마음 아프지만 다른 한편으로 보면 다행한 일이다. 예수의 말씀을 새겨들어야 한다.

나를 "주님, 주님!" 하고 부른다고 다 하늘나라에 들어가는 것이 아니다. 하늘에 계신 내 아버지의 뜻을 실천하는 사람이라야 들어간다. 그 날에는 많은 사람이 나를 보고 "주님, 주님! 우리가 주님의 이름으로 예언을 하고 주님의 이름으로 마귀를 쫓아내고 또 주님의 이름으로 많은 기적을 행하지 않았습니까?" 하고 말할 것이다. 그러나 그때 나는 분명히 그들에게 "악한 일을 일삼는 자들아, 나에게서 물러가거라. 나는 너희를 도무지 모르겠다"라고 말할 것이다.49

하늘나라는 기적과 예언과 신비스러운 일로 끝나는 것이 아니라 '내 아버지의 뜻'을 이루는 것이다. 그것은 자기 자신을 비워서 남에게 주는 참된 사랑이다. 그것은 가진 것을 적극적으로 남에게 주는 유소유의 정신이다.

남부 수단에서 목숨이 다할 때까지 사랑을 실천한 이태석 신부가 있고, 두 아들을 죽인 원수를 아들로 입양한 손양원 목사가 있다. 지금도, 이름도 없이 빛도 없이 예수의 뒤를 바짝 따르는 사람들이 있다.

내가
좋아하는
순간들

　　　　　　　신神이 모든 사람들에게 공평하게 준 것이 시간이다. 모두 하루에 스물 네 시간씩 받았다. 그 시간들을 통과하면서 우리는 궤적을 남긴다. 손가락 사이로 흘러내리는 모래처럼 잡을 수 없는 것이 인생이고 시간이다. 그러나 한정된 시간 속에 남겨진 궤적을 추억할 수 있는 능력 또한 신이 준 소유이다. 그 시간들 속에 내가 좋아하는 순간들이 있었다.

　　많이 지쳐 현관문을 간신히 열고 들어오는데
　　"아빠" 하고 외치며 달려든 아이들이
　　옆에 매달리고 등에 올라타고
　　기우뚱 나는 넘어지고

내동댕이쳐진 가방은 아내가 주워 들 때.

토요일 오후
깍둑깍둑
부엌에서 단조로운 음향이 들려오고
나는 한 눈으로 TV 뉴스를,
다른 눈으로 신문을,
그리고 세 번째 눈으로 아이들이 노는 것을 본다.
그러다 스르르 눈이 감겨
내가 잠들고 있다고 의식할 때.

제이슨은 친구들과 떠들고
수지는 바이올린 연습으로 시끄러운 난장판 속에서
눈 속의 오두막 같은 정적을 느끼며
낮잠에 빠져들 때.

"엇, 늦잠을 잤구나."
밖에는 눈이 쌓였고
유리창에는 성에가 문어발처럼 달라붙어서
갓 떠오른 햇살에 빛나는 아침
언제 와 있었는지
이불을 허리쯤 감은 아이들이
말없이 동화책을 읽고 있을 때.

수지가 연습하던 바이올린을 내리면서
"아빠, 내가 돈 벌면,
세상에서 제일 좋은 차를 사드릴게요" 라고 말할 때.

듣고 있던 제이슨이
"너 그 말 잊지 마라" 하고
못을 박을 때.

읽고 싶었던 책을 붙잡고
한나절 이상 씨름하고 있을 때.

성경의 어느 구절에서
상투적으로 읽던 부분이 의심스러워
원문과 비교해 보니
그 뜻이 많이 다르다는 것을
알게 됐을 때.

눈 내린 시카고 어느 교회당
손님으로 설교를 마쳤는데
어떤 여인이 다가와
"10년 전 사업에 실패하고 거리에 나앉았을 때 자살을 생각했는데,
손님으로 와서 해주신 설교를 듣고 마음을 바꾸고 노력해서
지금은 잘 살고 있어요" 라고

말해 준 그때.

　　이스라엘은 여행터
　　강의실은 잠터
　　공부와는 담을 쌓았던 학생이
　　"제가 이곳의 검찰관이 되었습니다. 꼭 한번 들러 주시면 잘 대접하겠습니다"라고
　　보낸 편지의 겉봉에 오하이오 주의 검찰청 문장이
　　선명하게 박혀 있는 것을 볼 때.

　　비슷해 보이는 토기라도
　　출토지며 연대며 문화적 배경이 다 다르다고
　　마치 단어를 외우듯이
　　하나씩 하나씩 눈에 익혀도
　　뒤죽박죽 오리무중이다가
　　어느 날 그 놈들이 연병장에 선착순으로 정렬한 신병新兵들처럼
　　머릿속에서 일렬로 쭉 정리되어 보일 때.

　　잊었던 친구가
　　문득 사무실 문 앞에 서서
　　"이 쪽을 지나다가 자네가 여기 교수라고 들은 것이 생각나서 사실인가 와 봤지"라고
　　장난기를 피울 때.

차일피일 미루던 원고를 탈고하고
아내가 구워 준 쿠키를 먹으면서
프린터 돌아가는 소리를 듣고 있을 때.

까르르 웃는 아내의 목소리가
전화선 밖에 있는 언니와 잡담으로 어우러져
이쪽 소리만 듣고도
저쪽이 하는 말을 짐작할 수 있을 때.

분주하고 피곤한 날
드디어 밤이 오고
침대에 드러누워 비튼 허리에
기분 좋은 아픔이 느껴질 때.

이런 순간들이
내가 좋아하는 순간들이라네.

시간에
앞서가기

봄볕이 따사롭다.
황사도 걷혔다.
시간은 엿가락처럼 늘어져 있고
구불대는 골목길은 밝다.
나 어릴 때는 넓던 골목길이 이제 보니 좁다.

아버지는 누워 계신다.
윤곽이 뚜렷하던 얼굴이 허물어져 있다.
발굴터의 반듯한 구획들이 비 온 뒤에 허물어지듯이…….

누워서 내미는 손을 잡고 방바닥에 앉는다.

봄의 밝음이 큰 창문에서 방안의 어두운 기운과 싸우고 있다.

전장의 용사는 누워 있다.
많은 훈장들도 아버지를 일으켜 세우지 못한다.
그 많던 술꾼 친구들은 다 어디로 갔는가?

아버지는 이제 나를 때리지 못한다.
잔소리도 못하고
무엇을 하더라도 막지도 못한다.
잔소리, 야단침, 막음, 싸리가지로 내리치던 매. 이런 것들은 결국 물이 한 곳으로 흘러가도록 부지런히 도랑을 다듬는 농부의 삽질이었다.

골목으로 나와 본다.
차들이 어렵게 지나간다.
조금 비켜선다.
아이 하나가 서 있다.
계란 같이 단정한 얼굴에 블론드 머리카락.
예쁘다.
그런데 쟤는 우리 사람이 아닌데?
'러시아 애'?
응, 저 집 아무개가 러시아 여자와 결혼해서 낳은 애.
국제결혼?
응.

그 계집아이가 왼쪽 발로 두 스텝, 오른쪽 발로 두 스텝 뛰면서 지나간다.

경쾌하다.

귀엽다.

걔가 왜 러시아 앤가? 우리 애지. 참 이상하다. 왜 말을 그렇게들 하지?

애비가 한국인인데?

이제는 모계사회인가?

국제결혼······.

뭐라고? 미국 여자와 결혼하겠다고?

교수가 아니라 뭐라도 안 된다.

여섯 달을 실랑이를 했다.

호적에서 지운다고 했다.

국내에서 결혼식을 하는데 웬 국제결혼인가?

우린 싸웠다.

단일민족의 허상.

미국 처녀, 한국 총각.

결혼식장은 만원이었다. 구경꾼들로······.

한국 처녀들이 어때서 미국 여성과 결혼해야 하느냐?

삼손의 아버지도 그렇게 역정을 냈었어요.[50]

사랑이지요. 뭐 딴 게 있었겠어요?
지금도 잘 살고 있잖아요?

30년.
베트남, 캄보디아, 중국, 러시아…….
한국 처녀가 모자란다.
아니 시골이라서 시집을 안 온다나?

시간.
너무 앞서가면 고난이다.
그렇다고 30년을 기다릴 수는 없었잖은가?
고난 속에 핀 꽃이 더 아름답지 않은가?
따라가는 자들은 앞서 간 자의 열매를 그냥 따는 것이다.

봄볕은 따습고
러시아 애는 안 보이고
아버지는 누워 있고
나는 아버지처럼 뒷짐을 지고 골목을 서성인다.
저만치서 시간이 나를 바라보고 있다.

시간은
가장 귀중한
유소유다

　　　　　　　　사람이 세상에 태어나면 누구든 시
간과 공간을 부여받는다. 아기는 그 두 가지를 가지고 삶을 시작한다.
그는 자라면서 시간에 대해서는 풍요함을, 공간에 대해서는 갈급함을
느낀다. 그래서 시간을 들여 공간을 더 차지하는 일에 몰두하게 된다.
공부하고 출세하고 성공하려고 한다.

　사람이 어느 정도의 공간을 차지하고 있느냐에 따라서 그 성공의 높
낮이를 스스로 또는 주변인들이 평가한다. 더 큰 자동차, 더 큰 집, 더
큰 사무실, 더 많은 땅, 이런 식이다. 그리고 그 공간을 확보하기 위해서
수고한 모든 노력의 대가는 돈이라는 단어로 집약된다.

　그래서 공간을 차지하려는 욕망은 돈을 버는 가시적인 노력으로 나
타난다. 공간에 대한 갈급함은 돈에 대한 갈증으로 나타나고, 돈을 더

많이 벌기 위해 사람들은 자신의 시간젊음을 바친다. 어떤 사람은 돈을 위해 인류나 도덕과 사람됨과 신념까지 버리기도 한다.

그렇게 해서 '성공' 한다고 했을 때 남은 것은 무엇인가? 19세기 미국 소설가 루이자 메이 앨콧Louisa May Alcott은 그 우울한 결과를 이렇게 시詩로 읊었다.

> 나에게 젊음이 있던 때는 돈이 없었다.
> 지금은 돈은 있는데 시간이 없다.
> 그리고 그럴 리는 없지만 시간을 얻는다 할지라도
> 나에게는 인생을 즐길 건강이 없다.

드디어 성공하여 차지한 공간에 안주하며 즐기려는 시점에 몸에 이상이 온다. 그는 태어날 때 누웠던 침대보다 좀 더 큰 침대가 있는 병실에 입원을 하게 된다. 그 공간에서 그는 살아 보려고 온갖 치료를 받는다. 시간을 연장하려는 노력이다. 그 사이에 시간을 들여서 번 돈은 날리게 된다.

치유되어 병원 문을 나설 수도 있다. 그러나 결국 시간은 소진되고 자신이 평생을 통해 얻은 공간과 돈은 아무런 위로나 도움이 되지 못한다. 마침내 그는 병원 침대보다 작은 공간인 관 속으로 들어가서 한 평의 땅 속에 묻히고 종내는 썩어 버리게 된다.

그 공식은 이러하다. 출생 → 요람 → 병원침대 → 관 → 썩어 버림. 이것이 시간과 공간의 3차원에 놓인 어린 아이가 어른이 되고 성공하고 몰락하는 길이다. 마치 공장의 컨베이어 벨트에 놓인 물건처럼 모두가 어김없이 그 길로 가고 또 가고, 스러지고 또 스러지는 것이다.

　결국 인간은 시간의 끝에 가서는 자기가 추구하던 공간을 잃게 되고, 땅 속으로 스며든 뒤에는 한 치도 공간도 소유하지 못한 채 썩고 마는 것이다. 내가 어렸을 때 이런 노래가 불렸다.

> 토지 많아 무엇해 나 죽은 후에
> 삼척광중三尺壙中 일장지一葬地 넉넉하오며
> 의복 많아 무엇해 나 떠나갈 때
> 수의壽衣 한 벌, 관棺 한 개 족하지 않나
>
> 땀 흘리고 애를 써 모아 놓은 재물
> 안고 가고 지고 가나 헛수고로다
> 빈 손 들고 왔으니 또한 그 같이
> 빈 손 들고 갈 것이 명백치 않나

　그럼에도 불구하고 사람들은 더 넓은 공간을 차지하려고 여전히 경쟁하고 싸운다. 그래서 공간의 다른 말은 욕심이다. 공간이 욕심이 되면서 그것은 돈과 직결되었다. 따라서 경제논리가 사람들의 생각을 지배하면서 세상공간은 점점 더 불안하고 추악하고 위험한 곳으로 변하고 있다.

　세계화를 추구하여 세계라는 더 넓은 공간을 소유하면 더 잘 살고 더 풍요로울 줄 알았다. 그러나 결과는 무엇인가? 각국에서 벌어지는 경제

침체, 테러, 증시폭락, 전쟁 등이 다른 나라들에게도 심대한 타격을 주는 공간의 축소가 일어나는 아이러니가 발생하고 있다.

종교마다 교세 확장을 지상의 과제로 삼아 공간 확대에 매진해 온 지금, 우리가 겪고 있는 현상은 무엇인가? 종교의 부실不實이다. 20세기까지는 종교가 세상을 걱정했으나 이제는 세상이 종교를 걱정하는 시대가 온 것이다.

사람을 사람답게 하는 교육마저도 '교육시장'이라는 경제논리로 가고 있다. 학생은 고객이고 선생은 판매원이고 학교는 기업이 되고 말았으니 사회가 혼란스러워지는 것은 당연한 수순이 아니겠는가?

더 많은 공간을 차지하려고 자연을 무차별로 개간하고 정복한 결과는 처참하다. 자연이 점차적으로 우리가 걷잡을 수 없는 대복수大復讐를 감행하고 있다.

예전에는 조용하던 유럽에서 강력한 지진이 발생하고 화산이 폭발하여 공항들이 마비되더니, 동남아에서는 쓰나미가 해안마을을 초토화시켰다. 이웃 나라 일본은 바다에서 발생한 9.0도의 강진이 몰고 온 해일에 전국이 마비되고 말았다. 백두산이 폭발하면 일본까지 위험하게 된다는 경고도 있다. 자연의 대복수가 한반도는 피해 가리라고 믿어도 될까?

인터넷 사이버 공간에서도 해킹, 디도스 공격, 사이버 테러가 진행 중이다. 인류에게 축복이 되었던 공간들, 아름다웠던 자연과 조용했던 가상공간까지도 어지럽히고 있는 인간들은 결국에는 그 공간에서 멸종의 위기를 맞게 될 공산이 크다. 그 마지막은 어떨까?

> 또 여러 번 난리가 일어나고 전쟁 소문도 듣게 될 것이다. 그러나 정신을 차리고 당황하지 마라. 그런 일이 꼭 일어나고야 말 터이지만 그것으로 그치는 것은 아니다. 한 민족이 일어나 딴 민족을 치고, 한 나라가 일어나 딴 나라를 칠 것이며, 또 곳곳에서 기근과 지진이 일어날 터인데 이런 일들은 다만 고통의 시작일 뿐이다. …… 거짓 예언자가 여기저기 나타나서 많은 사람을 속일 것이다. 또 세상은 무법천지가 되어 사람들의 마음속에서 따뜻한 사랑을 찾아볼 수 없게 될 것이다.[51]

2,000년 전에 기록된 성경의 예언은 지금 21세기의 상황을 마치 눈으로 보는 양 공간의 몰락을 전하고 있다. 공간을 차지하려면 시간을 희생시킬 것이 아니라 착한 마음을 가져야 한다.

> 마음이 온유溫柔한 사람들은 복을 받은 사람들인데 그들은 땅을 유산으로 받을 것이다.[52]

땅은 돈과 함께 공간의 대명사이다. 칼을 들고 공간을 차지했던 사람들은 다 스러지고 무無가 되었다. 그러나 마음이 온유하였던 사람들은 지금도 세계에 살아 있다.

부처와 예수는 시대는 달랐지만 홑이불 같은 겉옷 하나 걸치고 자기 삶의 참된 의미를 추구하였다. 그들은 공간땅, 돈을 얻기 위한 노력이나 투쟁을 하지 않았기에 마음이 평안하고 온유하였다. 그들은 따르는 사람들의 마음을 통하여 지구에 두루 가득 차 있다. 엄청나게 넓은 땅을 얻은 것이다.

나는 케냐에 갔을 때 이태석 신부가 의사의 길을 버리고 천주교 신부가 되어 아프리카의 남수단에 와서 내전과 온갖 문제들로 절망하고 있는 사람들의 병을 치료하고, 악기를 가르치고 삶의 용기를 심어준 감동적 사실에 대해서 들었다. 그는 10여 년 남수단에서 봉사하다가 병을 얻어 죽으면서도 그곳 사람들을 사랑하였다.

그가 추구한 것은 아프리카의 땅이 아니라 그 땅에서 살아가야 하는 사람들의 시간이었다. 그의 행적이 감동의 눈물을 나게 하는 이유가 바로 그것이다. 그는 공간을 추구하지 않았으나 아프리카를 얻었고 사람들의 마음을 얻었다.

시간을 추구한 사람은 영원한 시간과 무한한 공간을 얻게 된다. 공간을 추구한 사람은 한정된 시간과 추구한 공간을 다 잃고 결국에는 자기 자신마저 잃게 된다. 이것이 위에서 말한 공식의 뒷면이다.

공간에 대한 욕심을 버리고 시간의 부요함을 누림이 어떠하겠는가? 늘그막에 전원주택에 갈 욕심일랑 버리고 지금 쓰고 있는 육신을 전원주택 삼아서 얼굴을 간질이는 봄바람을 느끼고 하늘의 은하수를 바라보라. 아이의 숙제를 도와주고 그늘에서 시집을 읽고 소찬素饌이라도 맛있게 먹으면서 신이 주신 생명을 가득히 누려봄이 어떠하겠는가!

믿을 수 없는 공간에 매달리지 말고 공평하게 부여 받아 소유하고 있는 시간에서 삶을 누릴 일이다. 시간은 가장 확실하고 귀중한 우리의 유소유다.

7.

가지고 다듬어야 할 소유

우리가 아름답게 살자면 꼭 소유해야 할 것들이 있다.
생각해 보니 물질적인 것보다는 정신적인 것이 더 많다.
사랑하고 고마워하는 마음, 잘못 된 것을 고백하고
용서를 구하는 마음, 그냥 용서해 주는 마음,
모르는 사람을 위한 배려, 개성 있는 생각과
행동, 부모가 가정에서 하는 인성교육, 항상 책을 읽는 습관,
이런 것들은 우리가 유지하고 다듬어야 할 소유들이다.
그것들은 물질이 아니라
정신세계에 속한 것들이다.
우리의 마음을 풍요롭고 윤택하게
리모델링 할 때이다.

사랑과
고마움은
형제

　사람이 처음으로 땅을 일구고 도시를 만들며 살기 시작하던 때, 어느 곳에 의좋은 형제가 살았다. 형의 이름은 '사랑'이었고 아우의 이름은 '고마움'이었다. 형제는 부모를 모시고 서로 도우며 평화롭게 살았다.
　형제는 자라면서 늘 붙어 다녔다. 놀 때도 일할 때도 붙어 다녔고 아버지나 어머니가 시킨 심부름을 할 때도 그랬다. 사랑이 있으면 고마움이 있었고, 고마움이 있으면 사랑이 있었다. 그 마을에서는 사랑과 고마움 형제들을 모두 칭찬하였다.
　사랑은 늘 아우에 대해 생각하고 배려했다.53 밭에 일을 하러 갈 때 사랑은 아우가 어려서 힘에 겨울 거라며 무거운 쟁기들은 자기가 지고 갔다. 가을에 추수를 할 때가 되면 사랑은 일찍 나가서 이것저것을 먼저 준비하였고, 아우 고마움이 오면 어려운 일을 시키지 않고 그저 바로 밭에 들어가게 하였다. 겨울에 눈이 오면 사랑은 아우가 눈을 치우다 다칠까봐 얼른 자기가 치워 버렸다. 아우에 대한 사랑의 생각은 진실했다.

그런 형에 대해서 고마움은 늘 존경하는 마음으로 받들었다.54 밥상 앞에 앉으면 형이 먼저 숟가락을 들기 전에는 밥을 먹지 않았다. 형에게 혹시 무슨 잘못이라도 있으면 자기가 그랬노라고 뒤집어썼다. 사람들 앞에서는 형에 대한 어떠한 험담도 하지 않았다. 아우 고마움은 형을 우대하고 따랐다.

형제는 어른이 되어 각각 일가를 이루게 되었다. 각자 식구들이 불어나고, 세상일에도 변화가 있어서 두 사람은 더 이상 붙어살지 못하였다. 그렇다고 해서 형제 사이가 멀어진 것은 아니었다. 지리적으로 거리는 떨어져 있었지만 서로를 위하는 마음에는 변함이 없었다.

나중에 부모가 돌아가시고, 아우 고마움이 식구들과 도시로 이사를 가서 오랫동안 형제는 만나지 못하였다.

형제가 붙어 다녀 사랑과 고마움이 한 짝이었을 때 세상은 순하게 돌아가고 사람들도 사랑하고 고마워하며 정답게 살았다. 그러나 형제가 떨어져 살게 되고 지리적으로 점점 멀어져 자주 만나지 못하게 되자 세상인심은 날로 험악해져 갔다.

사랑이 혼자 지내게 되자 사람들은 사랑한다고 말은 하면서도 고마움이 없으니 존경심이나 남을 높이는 생각은 점점 하지 않게 되었다. 그래서 사랑은 남에 대한 생각이나 배려를 하지 못하기 일쑤였다.

마침내 사랑은 좋아하는 감정이나 느낌은 추구하면서도 상대방에 대한 존중심이 결여되어 천박하게 되었다. 사랑은 질투나 시기로 변질되며 순수성을 찾아보기 어렵게 되었다. 사랑은 막 굴러먹기 시작했고 이기적인 태도를 취하게 되었다. 그 결과 사랑에는 배신과 이별과 음모가 따라 붙었다. 사람들은 심지어 '사랑했기 때문에 헤어진다'는 괴변도 만들어 냈다. 사랑하여 행복한 날보다는 사랑 때문에 우는 날과 우는 사람이 더 많은 세상이 되었다.

한편 멀리 떠나간 고마움도 혼자 지내는 시간이 길어지며 달라져 버렸다. 사람들은 고맙다는 말은 하면서도 사랑이 없으니 상대방을 존중하지 않는 습성에 빠져 들었다. 고맙게 해주는 사람에 대해서 말치레로 고맙다고는 하지만 사랑이 없으니 오래 가지 못하고 바로 잊어 버려 고마운 일을 해준 사람을 생각하거나 그리워하지 않았다.

그러다 보니 고마움도 막 굴러먹기 시작했다. 진심어린 생각 없이 고맙다는 말 한 마디로 다 때우고 사는 세상이 되어 버렸다.

자연히 인간 세상에는 부모 자식 사이에도 생각 없는 일들이 벌어지고 부모를 잊고 사는 사람들도 점점 많아졌다. 심지어 '먹고 살자니 어쩔 수 없다'는 핑계로 모든 것을 합리화 하는 각박한 세상이 되었다.

그래서 사랑을 사고 팔기도 하고 고마움을 피해 가거나 배신까지 하는 세상이 되니 사람들은 '사는 게 사는 거 같지 않다'는 더 괴상한 말을 만들어 냈다.

드디어 조정에까지 이 문제가 비화하여 중신들은 해결책을 모색하였다. 임금은 사랑과 고마움 형제는 함께 살라는 칙서를 내렸다. 이제 나이가 든 형제는 임금이 고향에다 마련해 준 집에서 이웃하며 어릴 때처럼 다정하게 살게 되었다.

　세상의 앞날을 염려한 임금은 다시 칙령을 내렸다. 각자의 자녀들 중에서 하나씩은 고향을 떠나지 말고 이웃하여 살고 대대로 그렇게 하라는 엄명이었다. 또한 각각의 이름은 할아버지 이름을 따라서 '사랑'과 '고마움'으로 계속해서 부르도록 하라는 부칙도 붙였다. 세상은 다시 사랑과 고마움, 배려와 존경이 붙어 다니는 좋은 곳이 되었다.

아이에게서 배우는 용서

잘못을 인정하고 용서를 받을 수 있다면 행복한 인생이다. 용서를 빌고자 해도 상대를 만날 수 없거나 이 세상 사람이 아닌 경우도 있다. 용서해 달라는 말을 하지 않아도 상대를 용서해줄 수 있는 넓은 마음의 소유자라면 이 세상을 사는 데 거칠 것이 없다. 서로 용서하고 용서받으며 살 수 있는 폭과 깊이를 갖추고 산다면 얼마나 따뜻한 삶이 되겠는가?

아이들이 아직 어릴 때 우리는 이스라엘의 예루살렘에서 살았고 감람산에 있는 교회에 출석했다. 어느 일요일 낮 예배가 끝나고 집으로 오려는데 어린 아들이 빈 플라스틱 콜라병들을 많이 가지고 차를 타는 것을 보았다. 나는 운전에 신경을 쓰느라 그것을 곧 잊어 버렸다.

며칠 후에 퇴근하여 보니 아들이 2리터짜리 큰 콜라병들을 10개나 놓고 볼링놀이를 하고 있었다. 내가 물었다.

"제이슨, 이 병들이 어디에서 났니?"
"목사님 부인께서 주셨어요."
"정말?"
"네, 제가 목사님 사택에 들어갔더니 사모님께서 가지고 놀라고 주셨어요."
"열 개나?"
"네, 사모님께서 저를 위해서 모아 놓으셨대요."
"제이슨, 사모님이 무엇 때문에 너를 위해서 병 모으기를 하셨겠니? 네가 그냥 들고 나온 거겠지."
"아녜요, 사모님이 주신 거예요. 사모님이 저를 사랑해 주세요."

나는 아내에게 진상을 아느냐고 물었더니, "글쎄요, 사모님이 주셨다니 그런가 보죠"라는 미덥지 않은 대답이 돌아왔다. 나는 제이슨을 붙잡고 '정직' 교육을 시작하였다.

"제이슨, 쓰레기라도 남의 것을 그냥 들고 오는 것은 훔치는 것이다."
"아빠, 아녜요. 저에게 주셨기 때문에 가지고 온 것이에요."
"제이슨, 넌 아직 어리다. 지금 이것을 바로잡아야 한다."
"아빠, 바로잡을 것 없어요."
"제이슨, 우리 집에는 남의 것을 그냥 들고 오는 사람이 사는 곳이 아니다."

"아빠, 저를 믿어 주세요."
"제이슨, 고백하면 용서해 주는 것이 우리 집의 원칙이다."

이렇게 해서 한참 동안 실랑이질을 한 후에 나는 결국 제이슨의 고백을 받아 내었고 아들은 용서를 받았다.
그 다음 일요일, 교회 마당에 들어서는데 신선한 봄바람이 불어왔다. 나와는 예루살렘 대학 동창인 독일인 슈미드갈 목사가 활짝 웃는 얼굴로 우리를 반기며 목사관에서 내려오고, 역시 독일인인 그의 아내 가비가 뒤따르고 있었다.

가비 사모가 제이슨을 보자 반색을 하며 말했다.
"제이슨, 볼링놀이 재미있었니?"
제이슨이 대답했다.
"네, 아주 재미있어요. 사모님, 병 더 있어요? 하나가 깨졌어요."
"응, 몇 개 더 모아 놓았으니 집에 갈 때 가지고 가거라."
"네, 사모님, 고마워요."

그 대화를 듣는 짧은 시간 동안이 나에게는 천 년처럼 길었고, 내 가슴은 무언가에 치받쳐서 답답하였다. 나는 부끄러웠다. 교실 쪽으로 뛰어가는 제이슨을 잡아 당겨 그 앞에 꿇어앉아서 아이와 눈을 맞추었다.
내 눈에서 뜨겁고 굵은 눈물방울들이 떨어졌다.
"제이슨, 아빠가 잘못했다. 아빠가 나빴다. 네가 옳았다. 아빠가 널 믿지 않다니." 거기까지 말했는데, 제이슨의 눈은 아무런 적의도 띠지 않고 나를 바라보고 있었다. 그의 눈은 성지聖地의 하늘처럼 투명하기만 하였다.

"제이슨, 아빠를 용서해다오. 다시는 너의 말을 의심하지 않겠다" 하며 나는 그를 당겨서 내 가슴에 꼬옥 껴안았다. 그때 내 귀에 들려온 한 마디, "아빠, 난 그때 벌써 아빠를 용서했어요."

이 글을 쓰는 동안 나의 목울대에 뜨거운 덩어리가 올라오며 눈물이 흐르는 것은 무슨 이유일까? 어떻게 제이슨의 말을 믿지 않았단 말인가. 나는 아이의 순수함을 상실한 마른 막대기였다. 나는 분별력이 없는 사람이다. 아들이 나에게서 받은 마음의 상처를 어떻게 회복시켜 줄 수 있겠는가.

누가 어떠하리라고 지레 짐작하고 닦달하는 것이 얼마나 나쁜 일인지, 어른이 어린이보다 얼마나 부정직한지, 아니 어린아이를 가르치려는 어른의 마음이 얼마나 더러운 것인지 우리는 잘 모르고 지낸다.

성추행이나 폭행을 당한 아이의 말을 의심하는 조사관들이나 어른들은 이미 사건을 담당할 자격을 상실한 사람들이다.

가끔 곤하게 잠든 아들에게 흩어진 이불을 다시 덮어 주면서 나는 그의 목소리를 듣는다. "아빠, 아무도 정죄하지 마세요. 아빠 사랑해요." 용서해 달라는 말을 듣기 전에 이미 '그때' 나를 용서한 아들은 신이 보낸 천사임이 틀림없다.

배려는 사회의 윤활유

　사람들이 모여 사는 사회가 즐겁고 고마운 곳이 되려면 무엇이 필요한가? 톱니바퀴들이 맞물려 돌아가면서 일을 하려면 그것들 사이에 윤활유가 있어야 한다. 사람들 사이에서 그 윤활유는 서로에 대한 배려다.
　한국 사회는 역동적이기는 하지만 한편으론 좀 시끄럽다. 왜 그럴까? 남을 위한 배려가 부족하기 때문이라고 한다. 윤활유가 모자라면 톱니바퀴들이 서로를 깎아 먹는다. 배려는 너와 나 사이에 공유하는 무형의 자산이며 우리 사이를 즐겁게 하는 윤활유인 것이다. 배려하지 않고 부딪친다면 다른 소유들이 파괴된다.
　외국인들이 한국에서 느끼는 한국문화와 한국인에 대한 생각을 방송이나 신문 또는 모임에서 듣곤 한다. 부지런하고 인정이 많은 사람들,

동양과 서양이 공존하는 나라, IT에 강한 나라. 이런 좋은 의견이 있는가 하면 부정적인 의견도 많다. 성격이 급한 민족, 자기가 속한 집단 밖에 있는 사람들에게는 배타적인 사람들, 졸부근성 같은 것들이다. 요즈음에는 베트남이나 다른 나라 출신 아내들에게 모질게 대하는 한국 남편들 때문에 섹스만 아는 동물 같은 사람들이 사는 나라라는 욕도 먹고 있다.

그런데 외국인들이 공통적으로 말하는 것이 있으니 한국 사람들은 모르는 사람에게는 배려를 별로 하지 않는다는 지적이다.

세상에 있는 나라들을 절대적으로 선한 나라나 나쁜 나라라고 구분할 수는 없다. 어느 곳에나 좋은 사람, 좋은 문화가 있고 동시에 나쁜 사람, 이해하기 힘든 문화도 있다. 하지만 민주주의가 제대로 되는 나라에는 공통적으로 존재하는 것이 있는데, 모르는 사람에게도 배려하는 좋은 습관과 제도가 정착되어 있는 것이다.

외국인들이 한국인들은 남에 대하여 배려하지 않는다고 하는 이유는 무엇일까?

아무 데서나 큰 목소리로 말하기 때문이다. 전철을 타고 집으로 오는데, 내 앞에 선 두 젊은이들이 어찌나 큰 목소리로 대화를 하는지 방해가 되었다. 그냥 큰 소음이라면 참을 만도 하지만, 대화는 내용이 있는 것이고, 옆에 있는 사람들에게 그런 내용은 불필요한데 소리가 커서 그게 들려오니 참 딱한 노릇이었다.

그리고 내용에 따라서 가끔 상스러운 소리나 큰 몸짓을 하게 되니 보고 듣는 이들은 거북하지 않을 수 없다. 도서관에서조차 큰 소리로 대화하는 사람들이 많다. 주변에 누가 있는지 아랑곳하지 않는 것이다.

문화가 고급화되거나 사회가 세련되어지면, 또는 선진국이 되면 목소리가 낮아지는 것이 상례라고 한다. 그러나 돈을 얼마를 벌든지, 사회가 얼마나 좋아지든지 상관없이 목소리가 큰 사람들이 사는 나라가 한국이라고 한다.

또 한 가지는 전화를 사용할 때 남에 대한 배려를 하지 않는다. 공공장소에서 전화 통화를 하는데 큰 목소리가 들린다. 공중변소에서도 볼일을 보면서 큰 목소리로 대화하는 소리를 가끔 들은 적이 있다. 누가 있건 말건, 듣건 말건, 큰 소리로 통화하는 목소리 속에는 남에 대한 배려가 없다.

선진국에서는 저녁 9시 이후나 아침 9시 전에는 전화를 걸지 않는 것이 예의다. 저녁 9시 이후에는 가족들이 하루를 마무리하는 시간이고 부모는 아이를 재우는 시간이다. 오전 9시 전에는 출근을 하거나 하루를 시작하기 위해서 준비하는 바쁜 시간이다.

그런 시간대에는 남에게 전화를 하지 않는 것이다. 그 시간대에 꼭 전화를 걸어야 한다면, 몇 번이고 생각을 해서 꼭 할 수밖에 없다는 결론이 나야 미안하다는 말과 함께 통화를 한다. 한국에서는 조금 과장한다면 거의 아무 때나 전화가 걸려 온다.

그리고 엘리베이터에서도 남에 대한 배려가 없는 것이 느껴질 때가 많다. 승객들이 내려야 탈 수 있을 텐데, 내리는 사람들이 투명인간이라도 되는 듯이 무시하고 밀고 들어오는 이유는 뭘까? 엘리베이터에서 나가려고 한 발을 내딛는 순간 들어오는 사람과 '탁' 하고 부딪히면, 그제야 타려는 사람들이 내리는 사람들에게 길을 터주는 작은 소란이 벌어진다. 남의 진로를 무시하고 자기 행동만 하는 무배려 속에서 오늘도 한국의 엘리베이터들은 운행되고 있다.

배려가 많이 필요한 것은 길에서 운전할 때도 많이 느낀다. 차를 운전하며 길에 나가 보면 운전자들이 얼마나 배려에 인색한지 금세 알 수 있다. 길에서 운전 중에 차선을 바꾸려고 신호를 준다. 깜빡이 신호는 '내가 차선을 바꿀 테니 도와 달라'는 뜻으로 보내는 것이다. 뒤차 운전자가 이해를 했으려니 하고 차선을 바꾼다면 사고가 날 가능성이 높다. 뒤에 있는 차가 더 빠른 속도를 내며 앞질러 가기 때문이다. 차선을 바꾸겠다는 신호를 본 뒤차 운전자가 "그래? 그럼 내가 전속력으로 먼저 지나가지"라고 생각하나 보다.

조금만 배려하면 세계 최고 수준이라는 한국의 교통사고율을 많이 낮출 수 있을 것이다.

아랍 나라에 가면 "인샬라!"라는 소리를 많이 듣는다. "신神이 원하신다면"이라는 뜻이다. 조급하지 않다. 이스라엘에 가면 "싸블라누트!"라는 말을 듣는다. "인내, 참음"이라는 뜻이다. 기다리자는 말이다. 라오스 사람들은 조급하게 화를 내지 않는다. 서양에서는 버스 정류장이건 가게에서건 줄을 서서 기다리는 것이 미덕이다.

조급함 속에는 남에 대한 배려가 빠져 있다. 인천국제공항에서 성급하게 큰 소리를 지르면서 항공사 직원을 위협하는 것은 다른 나라 사람이 아니라 한국인이다. 식당에 들어가면서 음식 주문과 함께 "빨리 주세요"라고 말하는 사람도 한국인이다.

빨리 한 것을 자랑으로 삼는 사람들이 많이 사는 나라가 한국이다.

하나씩 쌓아 올리기보다는 빨리 떼돈을 벌려고 하는 사람들이 많은 이유는 무엇인가? 다른 나라 관광지에 가 보면, 파리, 런던, 프랑크푸르트, 로마, 텔 아비브 가릴 것 없이 현지 가이드와 가게 점원들이 한국 관광객들에게 "빨리 빨리"라며 알은체를 한다.

지방 도시에 있는 어느 병원에서 수술 사고가 있었다. 어떤 임산부가 몸이 이상해서 진찰을 받으러 왔는데, 담당직원은 위층으로 가라고 했고 거기 있던 간호사는 그 여인을 침대에 눕히고 마취를 했다. 의사는 들어와서 차트를 검사하지도 않고 바로 낙태 시술을 해 버렸다. 초스피드로 일이 진행된 것이고 마취가 풀린 환자는 자기 몸에 일어난 엄청난 사건에 통탄하였지만 시계를 뒤로 돌릴 수는 없는 일이었다.

빨리 하라고 다그치고, 또 빨리 하려고 몸부림치며 남에게 피해를 입히는 것은 주변과 상대방에 대한 배려가 없기 때문이다. 자기중심적으로만 일을 진행하거나 처리하려는 조급함에는 남에 대한 생각이 희미하다.

세계화를 말하고 지구가 하나의 마을이라고 하는 사람들이 사회생활에서는 남에 대한 배려를 하지 않는 모순을 안고 산다면 뭐가 잘 되겠는가? 우리 사회의 혼란이나 시끄러움은 남에 대한 배려가 많으면 저절로 사라질 수 있는 것들이 많다.

이제는 우리의 정신적인 소유 속에 남에 대한 배려라는 사회적 윤활유를 정착시킬 때가 되었다고 본다. 돈만이 선진국을 만드는 것이 아니다.

개성을 존중하자

　　　　　　사람은 각기 독특한 심성과 개성을 가지고 태어난다. 개성은 사람의 정신적 특성을 보여주는 지문이며 다른 사람의 것과 바꿀 수 없는 자기만의 소유다.

　그러나 오랫동안 "모난 돌이 정 맞는다", "튀면 안 된다"며 대중의 숲 속에 자신을 감추고 사는 것이 지혜로운 양 여겼다. 회사 상사가 사원들을 식당에 초대하고 뭘 먹겠느냐고 물으니 사원들은 눈치만 보고 있다가 상사가 자장면을 주문하니 모두가 같은 것을 주문하는 TV광고를 본 적이 있다. 대체적으로 그것이 현실이다.

　똑같이 생기고 똑같이 말하고 똑같이 행동하고, 조금만 다르면 '틀리다'고 하는 것은 바람직한 사회생활이 아니다. 넘어지고 실패를 경험하면서라도 자기만의 장르를 개척하는 사람들에게 박수를 쳐 주는 아량이 있어야 한다. 우리가 지구촌이니 세계화니 하면서도 남의 개성을 인정하지 않는 것은 참으로 이중성의 극치가 아닐 수 없다.

한국인들이 타인의 개성을 존중하지 않고 모두 하나의 경향으로 묶어 버리는 예를 찾기는 어렵지 않다. TV 화면에 비치는 얼굴들이나 거리를 활보하는 사람들의 옷차림이나 주거 형태를 생각해 보자.

언론은 개성의 집결체라고 해도 과언이 아니다. 기자나 뉴스 앵커는 자기 주관이 있어야 산다. 그러자면 각종 사건들과 행사들, 인물들과 이슈들을 체험하고 다루는 과정을 통해 얻은 자기만의 지식과 통찰과 비전이 있어야 한다.

미국이나 이스라엘에서는 할머니나 할아버지라고 불릴 노인들이 TV 뉴스 시간에 나타난다. 뉴스 앵커는 뉴스를 받아서 읽는 것은 물론이고, 그에 대한 해설을 독자적인 주관을 가지고 하는 사람이다. 또한 자신의 뉴스 프로그램을 위해서 스스로 뉴스 원문을 작성하거나 편집하는 앵커들도 있다고 한다.

월터 크롱카이트Walter L. Cronkite, Jr.는 CBS TV의 저녁 뉴스 진행자로 유명했는데 케네디 대통령 암살사건, 베트남 전쟁, 아폴로의 달 착륙 등을 보도하였고 65세에 댄 래더Dan Rather에게 자리를 내줄 때까지 활약하였다. 댄 래더는 43년간 TV 언론계에서 일하였고, 그 중 24년간은 CBS의 저녁 뉴스를 주관하였다2006년에 74세로 은퇴.

피터 제닝스Peter Jennings는 2005년에 67세로 죽을 때까지 ABC TV에서 22년간 뉴스 앵커로 이름을 떨쳤다. 탐 브로우커Tom Brokaw는 64세로 사망할 때까지 22년간 NBC TV에서 뉴스 앵커로 활약하였다. 댄 래

더, 피터 제닝스, 탐 브로우커는 'Big 3'로 불리며 미국 TV 언론계를 뜨겁게 달구었다.

그 외에도 언급할 만한 훌륭한 뉴스 앵커들이 많다. 다이앤 쏘이어 Diane Sawyer는 67세인 지금도 ABC TV에서 맹활약하고 있다. 올해로 83세인 바바라 월터스Barbara Walters는 ABC TV에서 각종 뉴스와 해설과 행사를 맡아 여전히 종횡무진 활동하고 있다. 그들이 각자의 경험을 바탕으로 지은 책들은 읽어 볼 만하다.

선진국의 언론에서는 뉴스 앵커가 고도의 지식과 주관과 통찰력과 개성을 가진 전문직 종사자로 대접받는다. 남녀를 가리지 않고 성공할 수 있는 직종이며, 또한 거의 종신직이라고 할 정도로 장수하는 직책이기도 하다.

한국의 TV 뉴스 시간을 보면 몰개성沒個性의 전시장 같다. 어느 TV 채널에서나 꽃처럼 어여쁜 젊은 여자와 40대 중후반쯤 되어 보이는 남자가 뉴스 진행을 하고 있다. 어느 방송을 보건 비슷한 뉴스와 대충 비슷한 그런 해설이다. 시청자들은 뉴스의 개성과 깊이는 제쳐 두고 좌파냐 우파냐를 따져서 방송을 선택하는 경우도 많은 것 같다.

왜 뉴스 담당자가 젊은 여자들이어야만 하는가? 왜 어느 방송이나 젊은이들로만 넘쳐나고 경험과 경륜과 통찰력을 쌓은 50대 후반이나 60대 인물은 보이지 아니하는가? 왜 한국 TV 방송에서는 개성 있고 연륜 있는 얼굴을 보기 힘든가? 경험을 쌓아 훌륭한 언론인이 될 만하면 TV 화면에서 사라지고 마는 이유는 무엇인가?

몰개성을 대변하는 또 하나의 모습은 옷차림이다.

한국 사람들이 옷을 입는 습관에는 종교적 특성이나 삶의 철학이 보이지 않는다. 어느 나라에 가든지 옷차림새를 보면 그 사람의 종교나 삶의 정신세계를 엿볼 수 있는 경우가 많다. 내가 말하려는 것은 신부나 목사나 스님 같은 전문적 종교 종사자가 아니라 일반 신도들에 관한 이야기다.

다른 나라에서는 어느 종교나 종파에 속한 일반 신도들의 옷차림새가 다르다. 무슬림이나 유대교도의 옷차림새는 그들의 종교적 정체성을 드러내기에 충분하다. 멀리서 봐도 어떤 종교를 신봉하는 사람인지 쉽게 알 수 있을 정도이다.

프랑스에서는 무슬림 여자들이 얼굴을 가리고 다니는 것을 금지하는 법안을 통과시켰다고 하여 야단이 났다. 힌두교나 동남아 불교도의 옷차림새나 서양 가톨릭 신도들의 옷차림도 특색이 있다. 가톨릭의 어떤 파에서는 여자들이 머리에 수건을 쓰고 다니기도 한다. 이들은 생업이 있는 일반 신도들이지만 자신이 믿는 종교의 특성을 나타내는 옷을 입는다.

인종이나 풍습에 따라서 특색 있게 옷을 입기도 한다. 세상을 여행하다 보면 그런 것이 참 볼 만하고 재미가 있다.

한국에서는 어떠한가? 불교, 기독교, 천주교, 그 외의 여러 종교들이 많지만, 옷차림을 보면 누가 어떤 종교, 어느 종파의 신도인지 구분할 수 없지 아니한가? 모든 종교의 신자들이 특색 없이 세속적(?)인 옷을 입고 다닌다. 전혀 분간을 할 수 없다.

남자들의 옷차림은 종교나 사상이나 삶의 철학에 관계없이 천편일률적이어서 논할 것이 별로 없을 정도이다. 여자들의 옷차림도 그러하다.

젊은 여자들은 그들의 종교적 성향과는 상관없이 핫팬츠나 초미니 스커트가 주종을 이룬다. 전철을 타 보면 금방 알 수 있다. 한 뼘 남짓한 길이의 바지나 치마를 입고 다리를 길게 노출시킨 여성들이 많다.

한국인의 옷차림은 신앙이나 삶의 철학 같은 개성적인 관점에서 이루어지지 않는다. 그보다는 나이가 옷차림의 가장 기본적인 카테고리인 것 같다. 연령에 따라서, 노인들이 입는 옷, 장년들이 입는 옷, 청년들이 입는 옷, 이런 식으로 분류되는 옷차림이 대세다. 자기 연령대의 부류 속에 섞여서, 아니 어쩌면 숨어 사는 것이다. 한국에서는 그것이 최선의 안전장치인가 보다.

한국에서는 모든 종교들이 평화롭게 공존하고 있다. 그래서 옷차림도 서로의 정신적 개성을 알아볼 수 없게 하고 다니는 건지도 모른다.

각자의 특색을 심원하게 강조하기 위하여 논쟁을 불사하고 물리력도 동원하는 종교인들이, 옷차림에서만은 통일을 이루고 있는 한국의 현상은 개성을 인정하지 않는 뿌리 깊은 사회적 통념에 바탕을 두고 있는 것이 아닌가 생각된다.

주거 형태도 획일화의 산물이 되었다.

아름답고 고상한 한옥은 사라지고 서울에서 지방까지 아파트 일색이다. 우리나라처럼 아파트가 주거 형태의 주종으로 자리잡은 나라도 없는 것 같다. 더구나 아파트가 고급 주택으로 각광받는 현상은 이상스럽기까지 하다. 아파트는 '개성 없음'의 상징이라고 해도 과언이 아닐 것이다.

이제는 사람마다 지니고 있는 개성을 인정하고 북돋워 주는 시대를 열었으면 좋겠다. 마음을 열고 '다름'을 인정하고 포용하는 것이 좋은 길이다. 남의 개성을 인정하고 박수를 쳐줄 수 있는 사회가 좋은 사회이다.

자꾸 늘고 있는 국제결혼 가정과 그 자녀들, 많아진 탈북 동포들, 그리고 이제는 사회의 한 구성층이 된 외국인 노동자들도 우리가 '다름'을 포용할 수 있을 때 한국의 자산과 에너지가 될 것이다.

외국에 나가 있는 교포들에게 이중국적을 허락하는 것도 그런 차원에서 중요한 일이다. 인구 550만 명밖에 안 되는 이스라엘이 세계의 경제권과 지식세계를 쥐락펴락하고 있는 이유 중의 하나는 모든 교포들에게 이중국적을 허락하여 이스라엘의 가장 가까운 동맹자들로 품고 가기 때문이다.

개성을 존중하고 남의 '다름'을 포용해야 할 분야가 어디 한두 가지랴? 21세기에 한국이 세계를 종횡무진하는 신나는 세상이 되려면, 우리는 개성 있게 살아야 하며 남의 개성에 찬사를 보낼 수 있어야 한다.

모판에서
책임지는
삶

　한국 사회에는 '떼법'이라는 것이 있다고 한다. 법이나 절차나 논리적 대화는 제쳐 두고 데모를 하거나 떼를 쓰는 방법으로 문제를 해결하려고 하는 태도가 그것이다. 그런 일들은 국회, 회사, 학교, 인터넷도 예외는 아니다.
　고등교육이나 최고교육을 받은 사람들마저도 그렇게 하면 사회는 어디로 갈까? 왜 그럴까? 아이들이 어려서 가정에서부터 '떼법'을 써서 부모를 이기는 재미에 맛들인 때문이 아닐까?
　아이들은 흙을 닮았다. 흙은 사람을 속이지 않는다고 한다. 흙에 참외를 심으면 참외가 열리고 콩을 심으면 콩이 열린다. 아이들에게 심어 놓은 떼법의 씨앗이 자라서 사회를 망친다. 스스로 책임지는 삶을 살도록 어려서부터 지도해 주는 것이 사회를 좀 더 공정한 곳으로 만드는 지름길이다.

인재를 기른다고 거창하게 떠들 것 없이 자기 집에 있는 아이가 인재임을 알아야 한다. 가정에서 인재人才를 바르게 기르지 않으면 사회가 사람 때문에 화禍를 당하게 된다.

벼는 모판에서 길러서 모내기를 할 때 논에 심는다. 가정은 모판이다. 학교는 모내기 하는 과정이다. 사회는 논이다. 모판에서 병든 어린 벼를 논에다 모내기 하면 논은 병든 벼로 가득 차게 된다. 가정에서부터 자기 행동에 책임지는 사람으로 길러야 하며 사회적으로 순하게 기능하도록 가르치고 격려하여 건강한 모가 되게 하여야 한다. 가정에서 할 교육을 학교나 사회에 맡기면 안 된다는 말이다. 가정에서 먼저 해야 할 교육이 있는 것이다.

아이 크는 재미는 부모가 아이에게 넣어 준 것, 요즘 식으로 말하면 부모가 넣어 준 소프트웨어에 따라서 아이가 반응하고 성장하는 것을 보는 재미다. 아이들이 자랄 때 무엇이든지 바르게 생각하고 적절하게 표현하고 신사적으로 행동하도록 습관 들여 주는 것이 중요하다. 즉, 책임 있게 사회생활을 하도록 가르치고 그렇게 자라는 아이를 지켜보는 것이 정말 부모가 누릴 재미다.

아이들 크는 것을 보면 흔히 우선 떼쓰고 울고 발버둥 쳐서 원하는 것을 얻으려 한다. 우리 아이들이라고 해서 크게 다르지는 않았다. 그래서 아이들이 자랄 때 표현을 바르게 하도록 지도를 해보았다. 아직 말을 하기 전, 밥을 떠먹여 주던 때 입에 있는 음식을 다 먹고 오른손을 가슴에 얹으면 다음 밥숟가락을 넣어 달라는 신호로 삼게 하였다. 그게 익숙해지니 아이가 체하지 않고 밥 먹는 데 질서가 생겨 식탁에서 가족이 즐거웠다.

그리고 무슨 요구할 것이 있을 때는 자기가 필요한 것을 설명하게 하고 인내심 있게 들어 주었다. 아이들과 놀다가 갈등이 발생하여 서로 소리를 지르거나 싸우는 경우도 있었지만, 그것으로는 문제가 해결되지 안는다는 것을 가르쳤다.

울거나 떼를 쓰거나 소리를 지르거나 발버둥을 치면서 하는 요구는 일절 들어 주지 않았다. 절박하면 절박할수록 말로 하라고 가르쳤다. 울면서 말을 하면 무슨 말인지 알아듣기 어려우니 울음을 그치고 상대가 알아들을 수 있게 말을 하라고 가르쳤다.

우리 집에서는 아무리 시시한 것이라도 말을 통한 전달이 무시당하지 않는다. 말을 배우면서 차분하게 의사소통을 하는 습관이 늘어갔다. 당연히 부모도 머릿속의 생각을 아이들에게 조리있게 말해 주는 모범을 늘 보여 주어야 했다.

기분 나쁘다고 문을 쾅 닫는 식으로 자기의 생각을 표현하는 것은 우리 집에서는 야만적인 행위이며 용납될 수 없는 불효적 행동이다. 그래서 상황이 나쁘면 나쁠수록 대화를 해야 한다는 원칙이 아이들의 생활 습관으로 자리 잡았다.

아들이 틴에이저가 되고 대학을 가게 되니, 자연히 이성교제를 포함하여 여러 가지 중요한 이슈들을 만나게 되었다. 나는 아들과 함께 방에 앉아서 이야기를 들어 주고 내 생각을 이야기하며 두세 시간을 함께하기도 한다. 성탄절 같은 휴가 기간은 그런 대화의 시간을 자연스럽게 갖기 좋은 때이다.

어느 날에는 사귀던 여자 아이가 '결별'을 선언했다며 매우 우울해 보였다. 그때 "다 그런 거야" 어쩌구 하면 안 된다. 별로 이야기하고 싶어 하지 않는 아들에게 슬슬 이야기를 거니 스스로 털어 놓았다. 내가 들어 보니 자라는 과정이라고 생각이 되었지만 그 과정에 있는 아이에겐 큰 사건이었다.

나는 자꾸 들어 주면서 동조하고 감탄하고 안타까워하고, 힘들겠구나 하면서 부화뇌동해 주었다. 다만 인생에는 힘든 일이 많은데 그때마다 좌절하고 절망하면 되겠느냐, 슬퍼하고 괴로워할 수밖에 없겠지만 결국에는 딛고 일어서야 하지 않겠느냐는 메시지를 아들의 말을 듣는 사이사이에 슬쩍슬쩍 끼워 넣었다. 지금 당한 어려움을 바르게 해석하고 딛고 일어서는 책임 있는 사람으로 성장하는 것이 아이들에게 참으로 중요한 것이다.

쓰러지면 혼자 일어서야 한다는 것도 가르쳤다. 어느 겨울날, 아내와 네 살짜리 아들과 함께 산책을 하다가 집으로 돌아오던 길이었다. 집 가까이 좀 경사가 진 곳에서 어린 아들이 갑자기 부모의 손을 놓고 혼자 달렸다. 그러다가 비탈이 조금 심한 곳에서 넘어지며 쭉 밀려 내려갔다. 다행히 두꺼운 옷을 입고 있었다.

엎어진 아들은 그대로 있었다. 부모가 와서 일으켜 주기를 기다리고 있었다. 우리는 천천히 걸어가서 아이의 옆에 앉았다. 아이는 일으켜 달라고 손짓을 하였다. 우리는 냉정히 말하였다. 네가 스스로 일어서라고. 아이는 눈을 두리번거리더니 울기 시작하였다. 그러나 우린 손가락도

움직이지 않고 옆에 앉아 있기만 하였다. 결국 시간이 좀 지나자 아들은 울음을 그치고 일어나서 자기 옷에 묻은 흙을 털었다.

우리는 환호하고 격려하며 안아 주고 칭찬하였다. 그 이후로 아들은 무엇을 하더라도 스스로 하는 버릇이 붙었다. 딸도 그렇게 길렀다. 이제는 다 자란 아이들은 남에게 의지해서 무엇을 해결하려는 생각을 아예 하지 않는다.

아들은 여름에 교회의 대학생 친구들과 유럽으로 2주 동안 단기 봉사활동을 다녀왔다. 필요한 비용은 교회와 참여하는 학생들이 같이 예산을 세워서 모금을 했다. 나는 아들이 모금해야 할 액수 중 적은 일부를 내 주었다. 나머지는 자신이 스스로 모금하였다. 아들은 왜 이 봉사활동이 중요하며 왜 자기가 참여해야 하는지를 남에게 알리고 협조를 받기 위해 노력했다. 그것은 설득하는 법을 배울 수 있는 과정이다.

학생들은 계획대로 유럽으로 떠나 봉사활동을 잘 하였다. 아들이 돌아와서 봉사활동을 어떻게 했는지 이야기 보따리를 풀어 놓아, 우리 가족은 이야기를 듣는 재미에 빠져 들었다.

사회가 이런저런 '사람 사는 방법들' 때문에 혼란스럽다면 각 가정에서 사회생활에 대한 책임성을 길러 주는 데 소홀하였기 때문일 거라고 사회학자들이나 심리학자들은 추론한다.

가정이 자녀의 성공과 출세에만 매달리면, 사회를 살기 어려운 곳으로 만드는 무책임한 사람이 나올 가능성도 많다. 모름지기 모판에서 건강한 모라야 논에 심어서 좋은 쌀을 생산할 수 있다. 모내기하기 전에 모판에서 책임지는 건강한 가정교육이 좋은 사회를 만든다.

책 읽기는
생활이다

　　　　　　　　　　생각하고 발표하고 남의 생각을 새겨들을 수 있는 것은 사람만이 가진 귀한 능력이다. 그런 능력을 발현하는 데 책은 옛날부터 훌륭한 선생 노릇을 해왔다. 그래서 책을 읽는 것은 사람됨의 미덕 가운데 상위에 꼽힌다고 할 수 있다.

　독서가 좋은 것이고 중요하다는 것쯤이야 알고는 있었지만, 결혼과 함께 그것이 선택이 아니라 생활이라는 것을 체험하게 되었다. 그것은 나와 결혼해 준 미국인 아내 덕이었다.

　30년이 지나도 변하지 않는 아내의 습관이 있는데 항상 책을 읽는 것이다. 아니 책을 달고 산다고 하는 편이 낫겠다. 그 습관은 결혼 초기에 이렇게 다가왔다. 시간이 날 때마다 신부는 나에게 책을 읽어 주겠다고 하였다. 난 우리 사회에서는 이런 것을 그때나 지금이나 본 적이 없다.

나는 아내가 의자에 단정히 앉아서 책을 읽는 소리를 듣곤 했다. 어떤 때는 아내가 소파에 앉아서 책을 읽으면, 아내의 무릎을 베고 누워서 듣다가 잠이 들곤 했다.

먼 곳으로 여행을 갈 때 고속도로에서 주행이 어느 정도 되면, 아내는 책을 꺼내 운전하고 있는 나에게 읽어 준다. 그 중에는 고전도 있고 명설교문도 있고, 시사 잡지, 여행기, 크리스토퍼 파크닝이 쓴 기타Guitar에 얽힌 자서전도 있고 《연을 쫓는 아이》 같은 소설도 있다. 그리고는 읽은 부분에 대해서 우리는 토론을 한다. 읽다가 남은 부분을 표시해 두었다가 다음 기회에 마저 읽어 준다.

시장에 갈 때도, 은행에 갈 때도, 누구를 만나러 갈 때도 책을 한 권 가지고 간다. 짧은 자투리 시간에 책을 읽는다. 줄을 서서도, 상대가 약속 시간에 늦게 와도 책을 읽고 있으니 조금도 짜증이 나지 않는다고 한다. 오히려 늦게 오면 고마울 때도 있다고 한다. 한 페이지라도 더 읽을 수 있으니까.

비행기에서도 휴양지에서도 아내는 책을 달고 다닌다. 아이들이 어릴 때나 지금이나 책을 같이 읽고 이야기를 나눈다. 아이들이 어렸을 때 잠자리에 들면 책을 읽어 주고 기도하고 이불을 덮어 주었다. 아이들이 하루의 마지막에 들은 것은 엄마의 기도소리였고 마지막에 본 물건은 책이었다.

아내의 탁자에는 늘 책이 있다. 현대소설, 미래에 대한 전망, 성경에 대한 해설, 베스트셀러 등으로 레퍼토리는 늘 바뀐다. 아내는 자기가 읽은 책들이 예닐곱 권 되면, 다른 나라에서 사는 언니에게 우편으로 보낸다. 처형은 그 책들을 읽고서 미국에 있는 어머니에게 보낸다. 처형이 자기가 골라서 읽은 책들을 아내에게 보내고 아내가 그것들을 읽은 후 미국의 어머니에게 보낼 때도 있다. 어머니도 자신이 사서 읽은 책들을 일본에 사는 큰딸에게 보내고 그것들은 큰딸이 읽은 후에 아내에게 도착하기도 한다.

그리고 세 여인은 이메일이나 화상채팅으로 어느 책이 어떻더라는 감상문 같은 얘기를 교환한다. 그들이 다 읽은 책들은 도서관에 기증되거나 남에게로 가 버린다. 책을 매개로 부모와 형제는 끊임없이 소식을 교환하고 이야기를 이어간다. 신기하다는 생각마저 든다.

그런 모습을 보며 자란 아이들은 여행을 갈 때도 책 한 권을 배낭에 넣고 간다. 기차에서, 비행기에서, 자동차에서 책을 읽는다. 서로 읽어 주기도 한다. 음성으로 녹음된 책CD나 카세트테이프나 MP3 파일을 자동차에서 틀어 놓고 듣는다. 그리고는 그 책의 어떤 내용에 대해서 토론한다. 아이들에게 책을 읽으라고 독촉해 본 적이 없는 나로서는 고맙고 재미있다.

읽은 책은 어떻게 해야 하는가? 아내는 읽은 책을 가족이나 남에게 주거나 고물상에 팔거나 도서관에 기증한다. 나는 책을 그저 다 모아 둔다. 아내는 남들도 책을 읽게 하자는 것이고, 나는 책 속에 있는 정보나 지식을 써먹어야 할 때 그 책을 다시 볼 필요가 있다는 것이다. 아내는 늘 웃는다. 지식과 정보는 발전하고 달라지는 것인데 모아 두면 뭐 하느냐며.

서양 사람들이 우리보다 책을 많이 읽는다고 하지만 30년을 같이 살아 보니 책을 읽는 것이 아니라 책과 함께 살고 있다고 보는 게 옳을 것 같다. 서양 사람들의 책 읽는 습관은 실용적이고 생활적이다. 한국인들은 책을 사랑하지만 많이 읽지는 않는다.

비행기를 타면 서양인들은 대개 자기 책을 꺼내 읽는다. 아주 두꺼운 책도 있고 당시의 베스트셀러도 있다.

한국인들은 주로 월간잡지나 신문을 읽는다. 한국 항공사들은 국제선에 책들을 구비해 놓고 승객들에게 빌려 준다. 대개 가벼운 읽을거리, 유머 모음, 두껍지 않은 문제작, 이런 것들이다. 읽다가 두고 가야 할 책들이니 두껍거나 심오하거나 생각하게 하는 책들을 읽으라고 하기가 적당하지 않아서 그런 것 같다.

미국이나 유럽이나 중동이나 아메리카에 가면, 호텔의 수영장이나 해변에 놓인 양산 밑에서 책을 읽는 사람들을 많이 볼 수 있다. 우리는 해변에서 초고추장에 회를 찍어 먹고 잠든다. 한국의 해변이나 수영장에서 책을 꾸준하게 읽는 사람을 본다는 것은 외계인을 만나는 것만큼이나 어렵다.

우리에게 책은 무엇인가?

근래의 어떤 통계를 보니 우리나라에서는 한 해에 소주가 30억 병 소비되는데, 1인당 약 70병 정도를 마신 꼴이라고 한다. 맥주는 연간 1인당 100여 병을 마셨다고 한다. 거기에다 막걸리와 양주를 포함하면 술 소비량은 엄청나다.

그런데 책은 1인당 10권 정도 읽는다고 한다. 아예 책을 한 권도 안 읽는 사람이 40% 정도 된다는 통계도 있다. 이스라엘 사람들이 1년에 1인당 평균 60여 권, 미국인들이 30여 권 읽는 것에 비하면, 우리가 독서

후진국임이 확 느껴진다.

　미국이나 유럽에 가면 마을이나 도시마다 도서관이 있다. 빌 게이츠가 자신을 성장하게 해 준 것은 '마을 도서관'이라는 말을 했다 하는데, 도서관과 책이 미국인들의 삶 속에 얼마나 밀접하게 연관되어 있는지를 말해 주는 이야기라 하겠다. 미국의 작은 도시에 있는 시립도서관들이 큰 종합대학교 도서관처럼 시설과 서비스가 잘되어 있는 모습은 매우 부러운 일이다.

　어떤 분석 자료에 따르면, 한국인들이 쉽게 군중심리에 휩쓸리고 폭력을 휘두르며 데모와 단체행동으로 문제 해결을 더욱 어렵게 하는 경우가 있는 것은 독서를 많이 하지 않기 때문이라는 지적이 있다. 폭 넓게 논리적인 사고를 하도록 훈련시켜 주고, 복문複文을 읽으면서 문제를 다각도로 이해하는 습관을 길러 주는 독서는 자기통제와 논리적 발표를 위한 훌륭한 바탕이 될 수 있다고 한다.

　국회의원들이 스스로 신성하다고 하는 국회회의장에서 하나도 신성할 것 없는 주먹질을 하면서 피범벅을 이루는 사태가 여전히 범람하고 있는 이유는 무엇인가?

　왜 한국의 종교인들은 말로는 종교가 최고의 선善이라고 하면서 실제로는 차선次善인 법률의 사제司祭인 법관 앞에서 다투는가? 왜 한국의 교육행정가들은 무상급식과 학생인권에 대비해서 참으로 중요한 공교육의 질과 학교질서 정립과 선생님의 인권과 교권의 균형을 맞추는 데는 더딘가? 더 폭이 넓고 깊은 독서를 하면 여유있는 대화와 균형잡힌 시각을 확보할 수 있을 것이다.

책을 많이 읽는 서양 사람들은 이제 전자책 출판에 몰두하고 있다. 이미 미국의 인터넷 서점 아마존에서는 킨들러Kindler라는 전자책 단말기를 확산시켰고 반즈앤노블스는 눅이라는 단말기를 보급하고 있고, 기타 다른 전자책 서점들도 각종 단말기를 판매하고 있다. 드디어 미국 출판시장은 종이책보다 전자책을 더 많이 생산하게 되었다는 뉴스도 터졌다. 기존에 출판된 책들을 전자책으로 전환하여 재출판 판매한다고 한다.

전자책 전용 단말기 외에도 전자책을 사서 읽을 수 있는 기기들이 많이 있다. 예를 들면, 아이패드iPad가 그렇다. 아이패드로 거의 모든 전자책 서점과 연결하여 책을 내려 받아서 읽을 수 있다.

한국의 전자기술이 좋은 단말기를 만들게 할 수는 있겠지만, 선진국의 독서량을 따라 잡을 수 있을지 궁금하다. 독서비율의 선진국화가 진정한 선진국이 되는 길이다.

요즈음 아내는 전자책 단말기 킨들러를 가지고 다닌다. 수백 권이나 되는 책을 저장했는데도 가볍다고 좋아한다. 자동차를 타고 갈 때면, 아내는 그걸로 책을 읽어 준다. 달리는 차 안에서도 전자책 서점과 바로 연결하여 새 책을 사거나 검색할 수 있다. 참 책 읽기에 좋은 세상이다. 미국에서는 전자책 단말기가 되는 아이패드로 수업을 하는 학교도 생기고 있다고 한다.

책을 만들고 보급하는 기술보다 더 중요한 것은 책을 읽는 습관이다. 습관성 독서병이라면 과히 나쁜 병은 아닐 것이다. 이 병에 걸리고 다른 병을 피한다면 오히려 좋을 것 같다.

8.

사람은 사람답게

살다 보면 문제들이 꼬리를 물고 나타날 때가 있다.
그럴 때 주저앉으면 안 된다.
자살하면 더욱 안 된다.
오히려 "문제야 와라. 한판 붙자! 난 너를 이길 수 있다.
조개가 진주를 만들 듯이 너 때문에 내가 고귀하게 되겠다"라며
대응해야 한다.
그러려면, 자기 자신 속에 제1단계 추진 로켓을
만들어서 스스로 쏘아 올려야 한다.

사람답게
해 주세요

　　　　　　사람이 사람다우려면 그가 가진 사람다움을 드러낼 수 있어야 한다. 지진아로 취급 받던 아이가 미래의 꿈을 향하여 비상하는 이야기를 해보자. 그 아이의 귀중한 소유인 인격과 개성을 찾아 주었을 때 그 아이는 전혀 다른 사람, 참다운 사람이 되고 있었다.

　"에스더는 뭐가 되려나?"
　"작가요."
　"무슨 작가?"
　"노벨 문학상을 받는 작가요."
　"그래, 아무렴 그래야지."

난 에스더를 꼭 안아 주었다. 노벨 문학상을 받을 만한 작가가 꼭 되라고. 노벨상이 위대해서만이 아니라 에스더가 어떤 목표를 정하고 몸부림치는 동안에 삶이 흐트러짐 없기를 바라는 마음 때문이었다. 입양아인 에스더가 삶의 구렁텅이를 건너서 또박또박 자기 길을 가기를 바라는 내 마음이었다.

내가 아는 분이, 어느 시설에 지능이 낮은 아이가 하나 있는데 데려다가 잘 기르고 싶으니 도와 달라고 하였다. 그 집에는 이미 장성한 두 아들이 있었다.

그래서 그 부부와 나는 경기도 모처에 있는 그 시설을 방문하였다. 원장과 대화를 하고 그 아이를 입양하고 싶다고 하였으나 원장은 지적장애아를 데려가면 고생할 거라면서 달가워하지 않았다. 지체가 부자유스럽거나 지능이 떨어지는 아이들의 경우, 양부모가 되려고 입양을 희망하는 사람들이 나서도, 시설운영자는 정부의 지원금을 받기 위해서 아이를 내보내지 않으려고 한다는 말을 들은 적이 있었다.

그 아이는 일곱 살이지만 아직 손가락을 빨았고 야위었고 걷는 것이 비정상적인 아이였다. 윤기 없이 뻣뻣한 머리카락은 빗지 않아서 검불더미 같았다. 묻는 말에 대답을 잘하지 못하고 눈을 두리번거리는 모습이 영락없는 지진아였다.

나는 원장과 긴 이야기를 나누었다. 내가 아이 둘을 입양해서 키운 이야기도 하고, 이 부부가 아이를 입양하면 잘 기를 것이며 그들이 얼마나 훌륭한 사람들인지 설명하였다. 그래도 원장은 선뜻 허락하지 않았다. 입양 요청이 정당한 이유 없이 거절된다면 권한을 가진 요로에 진정할 뜻이 있음을 비치니 그때서야 원장은 입양을 허락하였고 아이는 새로운 가족을 만나게 되었다.

아이를 입양한 부부가 내게 말했다. "아이 이름을 뭐라고 하지요?" 나는 마치 준비하고 있었던 것처럼 "에스더라고 하세요"라고 시원하게 대답하였다. 기원전 4, 5세기 페르시아에 살던 히브리 여자 에스더는 부모를 여의고 삼촌인 모르드카이에게 입양되었지만 나중에는 왕비가 되어 자기 민족을 구한 여인이었다.

에스더는 그날 뜨거운 물로 목욕을 하고 새 옷을 갈아입고 머리를 빗었다. 나는 부모에게 에스더의 앞 머리카락을 좀 잘라서 이마가 잘 드러나게 하라고 훈수를 두었다. "저 아이의 시원한 이마를 볼 때 결코 저능아가 아니에요. 두고 보세요."

그 후로 한 1년 동안 나는 온갖 트집과 투정에 시달렸다. 에스더의 어머니는 자주 전화로 불평을 쏟아 내었다. "애가 예의가 없어요." 난 그게 당연한 거라고 설득을 했다. "애가 자기표현을 제대로 못해요." 난 그게 당연한 거라고 또 말했다.

어느 날은 "애가 도벽이 있어요. 어떡하죠?"라며 학교에서 뭘 훔치다 걸렸다는 말을 했다. 어머니는 집에서도 지갑이나 물건을 뒤져서 훔친다고 했다. 나는 시설에서 먹지 못하고 갖지 못하고 지냈으니 새로운 것들을 보면 그럴 수 있다며 인내해야 한다고 조언했다. 그러면서 훔치는 아이는 결코 머리가 나쁘지 않으니 어쩌면 수재나 천재가 그 아이 속에 숨어 있을 수 있다는 말도 했다.

그래도 어려움은 계속 되었다. "전 이제 더 이상 못 기르겠어요. 제가 남자 아이들만 길러서 그런지 여자 아이 기르기가 쉽지 않아요. 아니면 제가 늙어서 그런지 힘이 들어요. 생각 같지 않아요. 어쩌지요?"라는 등 어두운 소리가 들려왔다. 나는 심플하게 대응했다. "아이를 저에게 보내세요. 제가 기를게요. 나중에 천재를 잃었다고 후회나 하지 마세요." 물론 그 어머니가 아이를 보내지는 않았다.

 그러는 사이 에스더는 변화하고 있었다. 단정해지고 눈빛이 또렷해지고 말에 또박또박 절도가 생겼다. 그리고 읽기를 좋아하고 학교도 대체적으로 잘 다녔다. 난 가뭄에 콩 나듯이 가끔 그 집에 들러서 에스더와 이야기하고 함께 책을 읽고, 엄마 불평도 듣고 아빠의 자랑도 들어주었다. 아빠는 말이 별로 없는 사람인데 에스더를 사랑하고 있는 것이 보였다. 딸이 애교를 떤다고도 했다. 애교를 떤다? 그럼 이 아이는 정상이 분명하다고 나는 생각하였다.

 에스더는 저능아나 행동발달이 늦은 아이가 아니라는 사실이 분명해졌다. 시설에서 아이를 어떻게 취급하였는지는 안 보고도 알 만했다. 아이는 살아남기 위해서 위장하고 있었던 것이다. 그러다가 정상적인 가정환경에서 사랑해 주는 부모가 있고 자기 자신을 표현할 수 있는 여건도 되니 말도 잘하고 감정 표현도 섬세하게 할 수 있게 된 것 같다. 오빠들도 여동생을 귀여워해 주니 얼마나 든든하겠는가!

 에스더가 책을 읽고 글을 쓰는 것을 즐긴다니 그것도 참 대견했다. 난 그 모든 것들이 얼마나 신기하고 고마운지 그 아이의 부모도 아니면서 몰래 눈물을 흘렸다. 나는 에스더와 이런 이야기를 했다.

"에스더는 커서 뭐가 되고 싶지?"

"의사요."

"그래? 그런데 의사는 뭐하는 사람이지?"

"병든 사람이나 죽을 사람을 고쳐서 살려요."

"음, 에스더는 병든 사람이나 죽을 사람하고 있는 게 즐거운가?"

"아니요. 무서워요."

"그런데 어떻게 의사가 되나?"

"의사 공부하면 돼요."

"의사 공부하려면 돈이 많이 드는데 그 돈은 누가 대주나?"

"아빠가요."

"그럼 아빠가 고생을 많이 하셔야 되겠네. 학비가 많이 들 텐데."

"……"

"의사는 수술도 해야 하는데, 그러자면 피가 많이 날 텐데 그래도 잘 할 수 있겠어?"

"아뇨. 무서워요."

이쯤에서 부모가 끼어든다.

"아이구, 에스더의 미래 교육을 철저히 시켜 주시네요."

내 대답은 간단했다. 내가 보니 에스더는 작가다 작가! 에스더 가족은 다 같이 크게 웃으면서 에스더는 작가가 되는 것이 좋겠다고 맞장구를 쳤다.

이제는 에스더가 많이 컸다. 팔이 길어 배드민턴 선수라고 한다. 아버지 어머니가 자랑스러워하는 딸이다. 기르기 힘들다고 하는 말은 쑥

들어 가버렸다. 나는 에스더에게 말을 걸었다.

"에스더는 커서 뭐가 될 건가?"
"작가요."
"그냥 작가?"
"아니요. 노벨상을 받는 작가요."
"노벨 무슨 상?"
"아 참. 노벨 문학상이요."
"그래, 어쩌면 에스더가 노벨 문학상을 받는 첫 한국인이 될지도 모르겠다. 그땐 누가 너보고 의사가 아니라 작가가 되라고 했는지 기억이나 해줘."
"네. 염려 마세요. 제가 꼭 기억할게요."
"노벨 문학상 탈 때는 답례 연설을 영어로 해야 돼. 그러니 영어나 외국어 배우는 것도 신경 써야 돼."
"그건 이제 중학교에 가면 열심히 할게요."
"그래, 배드민턴 선수로 성공할 생각은 마라. 사람은 한 우물을 파야 돼요."
"나, 목마르지 않은데……."

내 눈에는 에스더가 스톡홀름에서 노벨 문학상 수상 연설을 하는 것이 보인다. 나는 독백한다. '그래, 네가 목마르지 않다니 다행이다. 그러나 글을 쓰지 않고는 견딜 수 없는 갈증에 사로잡히기를 나는 기도한다. 그것이 너의 상실감을 극복하고 정체성을 확립하고 살맛을 느끼게 해

줄 것이기 때문이다. 에스더, 넌 잘 될 것이다.'

　우리 주변에서 사람을 사람으로 대접하지 않는 모든 기관이나 관계나 언행은 사라져야 한다. 사람을 사람답게 대접할 때 그는 훌륭하게 자란다. 에스더는 저능아가 아니고 오히려 훌륭한 자질을 타고 난 사람이었다. 양부모가 종내는 그 아이의 참된 모습을 끌어내어 가꾸고 자라게 하는 수고를 맡아 준 것이 너무 고맙다. 그런 분들이 더 많아졌으면 좋겠다. 에스더가 지금도 그 시설에 있다면 어떻게 하고 있을까 하고 생각하니 끔찍하다.

모든 인생에는
의미가 있다

얼마 전, 서울 예술의전당에서 스웨덴 출신의 가수 레나 마리아Lena Maria 콘서트가 있었다. 두 팔이 없고 한쪽 다리가 짧은 장애를 딛고 '하늘의 목소리'로 노래하는 가수가 됐다는 것 정도가 내가 아는 그녀에 대한 지식이었다. 그 음악회는 나에게 사람마다 의미가 있기 때문에 태어난다는 진리를 실제로 보여주는 한 사람을 만나는 아름다운 기회가 되었다.

무슨 말로 표현하면 좋을까? 레나 마리아는 행복해 보였다. 그녀의 표정과 노래는 어두운 그림자라고는 티끌만큼도 없이 밝았다. 그리고 신의 사랑을 느끼며 매일 신께 감사의 노래를 부른다는 이 가수의 말은 청중을 감동시켰다. 아니, 저런 험악한 형편에 있는 장애인이 어찌 그리도 아름답게 살 수 있을까?

음악회가 끝나고 나는 자리에 한참 앉아 있었다. 친구도 청중도 다 가 버린 텅 빈 객석에 나 혼자 있었는데, 무대 뒤쪽에서 객석 쪽으로 나오는 레나 마리아 일행이 보였다. 나는 다가가서 그녀에게 말을 걸었다. "제가 당신과 악수를 하고 싶은데 어쩌지요?" 그녀는 환하게 웃으면서 답하였다. "했다고 치죠 뭐."

나는 그때 머리가 떵하게 울리는 느낌을 받았다. 그녀는 구김살 없이 참으로 명랑하게 대답했다. 나는 시간이 된다면 식사에 초대하고 싶다고 하였다. 그녀는 옆의 어머니와 수행원에게 묻더니 다음날 점심시간만 비어 있다고 하였고, 식사 장소는 스스로 정하였다.

다음날 점심시간, 나는 레나 마리아, 그녀의 어머니, 수행원과 함께 식당에서 만났다. 식탁에 둘러앉았는데 레나가 나에게 물었다. 자기가 어떻게 식사를 할지 궁금하냐고. 그랬다. 팔이 없는데 어떻게 식사를 할까?

레나는 웃으면서 한 발을 식탁 위에 올려 놓았다. 레나의 다리 하나는 정상 길이이고 다른 하나는 짧다. 그녀는 신께서 다리 하나를 짧게 해주셔서 고맙다고 했다. 다리가 짧기 때문에 그 발로 식사는 물론 무엇이라도 할 수 있다고 하였다. '긍정의 힘'이라는 말이 있지만 이 정도면 경이롭다고 해야 할 것 같다.

식사를 하며 이런저런 이야기를 나누었다. 레나는 짧은 다리 쪽의 발로 모든 것을 한다고 했다. 식사를 하고, 글을 쓰고, 타자를 치고, 책의 페이지를 넘기고, 피아노를 치고, 운전을 하고, 성가대 지휘를 하고, 요리를 하고, 수영도 한다고 했다. 자동차는 운전대와 브레이크를 한 발로 조작할 수 있도록 개조하여 운행하고 있다고 했다.

그녀가 한 마디를 덧붙였다. "저는 한 발로 모든 것을 다 해요. 못하는 것이 없어요. 저의 생활은 정상인과 똑같아요. 저는 결혼도 했어요. 지금은 이혼했지만요." 그리고는 머리를 뒤로 젖히고 깔깔 웃었다. 그녀의 어디에도 불행하거나 괴롭거나 원망스럽거나 어두운 구석은 조금도 없었다. 레나의 이메일 주소를 받기 위해 수첩을 건넸더니 질서정연하고 예쁜 글씨로 이메일 주소를 적었다. 발가락으로 적은 그 글자들이 얼마나 예쁘고 균형이 잡혀 있는지 감탄스러웠다.

나는 레나의 어머니를 보았다. 퍽 수줍음을 타는 분인 것 같았다. 전날 음악회 끝에 사회자가 청중에게 소개하기 위해 무대로 불러냈을 때 끝내 나가지 않았다. 어머니는 평온한 얼굴로 우리의 대화를 듣고 있었다. 내가 어머니에게 질문이 있다고 했더니 수줍어하면서 자기는 별로 답변할 말이 있을 것 같지 않다고 했다.

레나를 낳고 어머니가 겪은 심경은 어떠하였으며 실행에 옮긴 행동들은 무엇이었는지……. 레나의 어머니는 조심스럽게 말문을 열었다. 아이를 낳고 보니 너무나 당황스러웠다고 한다. 어떻게 이럴 수가 있는가? 병원에서는 이런 장애인을 가정에서 양육하기는 어려우니 다른 곳으로 보내라고 했다고 한다. 참으로 막막했다고 한다. 가족들이나 친구들도 이런 아이를 어떻게 기르겠느냐며 시설에 맡기라고 했다고 한다. 그러나 신실한 기독교인인 레나의 부모는 차마 그렇게 하지 못하고, 신에게 왜 이런 아이를 우리에게 주셨느냐고 한탄하고 원망을 했다고 한다.

기도를 열심히 하는 가운데 어머니는 신의 뜻을 알게 되었다고 한다. '이 비참한 아이를 돌볼 가족을 찾다가 가장 믿음직스러운 너희에게 보냈다'는 것이 신의 답이었다는 것이다. 레나의 부모는, 장애인이기 때문에 한 가족이 될 수 없다는 것은 말도 안 된다고 생각했다고 한다.

깨달음이 온 순간부터 어머니는 두 팔이 없고 다리 하나가 짧은 레나를 정상인과 똑같이 취급하고 기르기로 결심을 했다고 하였다. 제일 먼저 한 것은 레나에게 수영을 가르치는 일이었다. 두 팔 대신 몸을 위와 아래로 파도치게 하면서 물을 제쳐 나아가는 수영을, 마치 돌고래가 헤엄치는 것 같은 동작을 익히게 했다. 결국 레나는 장애인 수영 4관왕이 되었다. 88올림픽 때도 수영 종목에 출전해서 좋은 성적을 거두었다.

그리고 어머니는 레나가 특별히 잘 할 수 있는 것이 무엇인가 찾기 시작했고 노래를 하게 했다. 목소리에는 장애가 없었기 때문이다. 그래서 노래를 잘 할 수 있도록 모든 배려를 아끼지 않았다. 화성학이나 일반적인 발성법은 물론이고 레나에게 맞는 발성법을 터득하게 하고, 신에게는 감사를, 사람에게는 사랑을 노래하는 심성을 길러 주었다고 했다.

무엇보다도 중요했던 어머니의 교육은 레나가 세상을 냉소와 슬픔과 불평으로 바라보지 않도록 하는 일이었다. 따뜻함과 미소와 감사하는 마음을 가슴에 담을 수 있게 했으며 열등감에 빠지지 않고 자유로운 영혼을 가진 사람으로 클 수 있게 애썼다. 어두운 육체에 밝은 빛을 조명한 것이다.

레나의 어머니는, 신은 뜻이 있어서 사람을 하나하나 다르게 만들며, 레나도 신의 작품이라고 말했다.

식사와 이야기가 끝나고 헤어질 시간이 되었을 때 레나는 나에게 명함을 한 장 달라고 하였다. 내가 명함을 꺼내 들고 어떻게 건넬까 망설이자 레나는 짧은 다리로 내 손에서 명함을 낚아챘다. 그리고 긴 다리의 무릎 안쪽에 감겨 있는 주머니 속에 명함을 집어넣었다. 순식간에 해치운 일이었다. 참 놀라운 기술이었다. 레나와 그녀의 어머니는 다시 만날 수 있기를 바란다면서 식당을 나섰다.

장애인으로 태어난 사람도 있고, 살다가 장애인이 되는 사람도 있다. 장애인에게 차별과 냉대를 하는 사회는 그 사람을 두 번 절망으로 내모는 것이다. 장애인이 비장애인과 다를 바 없이 살 수 있는 사회가 되어야 한다.

스티븐 호킹 박사는 지병 때문에 평생 바퀴의자에 앉아서 고개도 잘 가누지 못하고 살지만, 세계적인 우주물리학자가 되었다. 그는 케임브리지 대학교에서 30년간 교수직을 수행하며 수많은 저작들을 발표하였다. 이츠하크 펄만은 소아마비를 앓아 다리의 기능을 잃었지만 세계 최고의 바이올리니스트가 되었다.

닉 부이치치는 양팔과 양다리가 다 없이 태어난 사람이다. 그러나 그는 정상인들에게 희망과 용기를 잃지 말라고 한다. 뭐가 거꾸로 된 것 같다. 그를 보면 그가 불쌍한 것이 아니라 내가 불쌍하다는 생각이 들 정도다.

레나 마리아가, 스티븐 호킹이, 이츠하크 펄만, 닉 부이치치가 우리나라에 태어났더라면 그렇게 위대한 사람들이 될 수 있었을까? 우리나라에는 장애인들이 자유롭게 드나들고 편하게 살 수 있도록 제대로 배려한 시설이 아직도 많이 부족하다. 장애인도 자기 몫을 해낼 수 있는 사람으로 여기고 비장애인과 똑같은 기회를 주는 마음이 많이 부족하다.

가끔 장애인이 인간승리의 모델로 언론의 조명을 받는 경우가 있지만, 모든 장애인들이 자기의 기량과 꿈을 펼쳐서 인간답게 살 수 있게 하는 사회적 배려와 적극성은 부족하다. 장애인들도 정상적인 삶을 누리고, 굳이 누구의 칭찬을 받을 필요 없이 자기 일에 성공하는 삶을 살 수 있도록 인식과 제도가 바뀌어야 한다. 장애인을 사회나 정부의 부담으로 여기는 일이 없어야 되겠다.

레나 마리아의 부모는 딸의 육체적 장애를 절망으로 받아들이지 않았다. 오히려 가지고 있는 것을 남과 나누며 행복하게 살 수 있도록 딸을 키워냈다. 그 고통과 인내는 우리가 상상하기 어렵다. 그 부모는 레나를 창조한 신의 뜻을 찾았다고 한다. 사람을 사람답게 길러 낸 레나의 부모에게 뜨거운 갈채를 보낸다.

최소의 소유로 최대의 행복을 누리며 사람이 사람답게 사는 길을 보여 주고 있는 레나 마리아, 닉 부이치치 그리고 모든 그런 훌륭한 사람들에게 기립 박수를 보낸다.

자기 삶에 대한 존중

자신 있게 산다는 것은 참 중요하다. 하루에 34명씩 자살한다는, 그래서 자살률 세계 1위라는 현실을 안고 있는 한국이다. 자살을 하는 주요 원인 가운데 하나가 삶에 대한 자신감 결여다. 그럴 때 사람은 삶을 포기하고 쉽게 타락하며 인간임을 저버리게 되는 것이다.

우리는 어떠한 경우라도 남이 자신감을 갖고 살 수 있도록 격려하고 도울 수 있어야 한다. 그러나 얼마나 많이 우리는 남을 깎아 내리고 힘들게 하는가. 설령 고의가 아니더라도 무심코 남에게 상처 주는 말을 하는 경우도 많다. 그리고 그 말 때문에 후회하게 되는 것이다. 남을 일으켜 세워 주는 말을 하자. 남에게 좋은 말을 해주는 습관을 들이자. 그리고 자기 자신에게도 긍정적인 말을 해 주고, 자신을 스스로 존중하자.

어느 날 강의 중에 학생들과 어떤 주제를 놓고 토론을 하였다. 토론 중에 '병신'이라는 단어가 두어 번 사용되었다. 다음날 나는 학생들 가운데 한쪽 손이 불구인 여학생이 있는 것을 발견하였다. 얼마나 얼굴이 화끈거리고 미안한지 마음이 불편하고 불안하였다.

쉬는 시간에 그 학생에게 다가갔다. 그 학생은 어제 강의에서 배운 것이 많았다며 감사의 말을 했는데, 나는 그런 말을 듣는 것에 큰 부담을 느꼈다. "실은 어제 우리들이 '병신'이라는 단어를 아무 생각 없이 쓴 것에 대해 용서를 빌고 싶어요"라고 직선적으로 솔직하게 사과했다.

그랬더니 그 학생이 이렇게 대답하였다. "몸은 장애인이지만, 마음까지 장애인이면 안 되잖아요. 저는 그런 것에 감정적으로 빨려 들어가지 않을 만큼 되었어요." 그리고는 수줍은 듯이 입을 손으로 가리고 웃는 게 아닌가. 그 모습이 내 마음에 잔잔한 감동의 파도를 일으켰다. 그 순간 그 학생은 나에게 선생이었다.

몸은 장애인이지만, 마음은 장애인이 아니다……. 얼마나 달관한 삶인가! 몸은 정상이나 마음이 불구인 사람들이 얼마나 많은 세상인가?

그 여학생의 수줍은 모습 속에 담긴 흐트러지지 않은 고결한 삶의 자세가 내 마음에 지워지지 않는 잔영殘影으로 남아 있다. 분명 그 여학생은 어디에선가 침착하고 담담하게 자기 몫을 담당하며 잘 살고 있을 것이다. 그녀의 겸손하면서 든든한 태도가 나를 그렇게 믿게 한다.

아, 선생이라지만 얼마나 많은 것을 학생들에게서 배우는가? 과연 누가 부족한 사람인가? 누가 누구에게 '병신'이라고 할 수 있는가? 좌절하지 않고 주저앉지 않는다면 불구인 사람은 없다.

사람은 모두 조금씩 불완전하고 뭔가 결여된 것들이 있다. 완전한 사람은 없다. 교만하고 자만하면 안 되겠지만, 스스로 자신을 학대해서도 안 된다. 자기 자신을 학대하지 않는다면 아무도 그를 학대할 수 없을 것이다. 자기 자신이 스스로를 존중한다면 그는 온전한 사람이다.

우리의 정신세계 속에 자신에 대한 존중과 위엄을 유지하고 의연하게 산다면 우리는 좌절 대신에 재기再起를, 타락 대신에 갱신을, 절망 대신에 희망을, 죽음 대신에 삶을 얻게 될 것이다.

땅을 박차고
하늘을 날자

　무슨 이유 때문에 사람이 짐승보다 나은가? 사람에게는 생각하는 힘이 있기 때문이다. 우리를 높은 곳으로 끌어올릴 수 있는 '생각하는 힘'은 창조주가 인간에게 주신 고귀한 선물이다. 짐승이라고 생각을 못할까? 그러나 그것은 능력이라고 할 정도는 아니다.

　사람은 생각하는 능력을 통해 무엇이든지 할 수 있다. 생각을 잘하면 열악한 환경에서도 아름답고 위대한 일을 만들어 낼 수 있다. 생각을 잘하면 절망적인 비참한 현실에서도 고귀하고 희망에 가득 찬 삶을 실현할 수 있다. 두 팔이 없는 사람이 발가락 사이에 붓을 끼우고 그림을 익혀 훌륭한 화가로 활동하는 것을 보면 할 말을 잃는다. 손가락이 두 개 뿐인 사람이 피아노를 정상인처럼 연주하는 것을 보면 인간 능력의 한계가 어딘지 알 수 없다. 생각하는 힘이 그들을 노력하게 했고 우뚝 서게 했다.

대한민국이 띄우는 우주선 1호가 될 뻔한 나로호가 발사 직후에 추락했다. 러시아가 만들어 보내온 1단계 추진로켓이 제대로 작동을 하지 않았기 때문이다. 그 로켓 사용계약서에는, 문제가 발생하였을 때 한국 기술진이 그것을 진단해 볼 수 있는 권한이 없다고 한다. 그러니 돈 내고 실패하고도 그 실패를 극복할 분석자료를 스스로 찾을 수가 없다.

그렇다. 남의 힘이나 돈이나 기술로 나의 추진력을 삼으면 안 된다. 나를 하늘로 쏘아 올리는 추진력은 내 안에 있는 것이다. 내가 스스로 그런 추진체를 만들어서 추진력을 얻어야 한다. 그것이 가장 중요하다. 남이 도와주기를 기다리지 말자. 남에게 기대지 말자. 학교가 해주기를 기다리지 말자. 사회가, 정부가 우리 어려운 형편을 알고 도와주리라 믿고 허송세월 하지 말자. 오직 우리 개개인이 자신의 문제를 해결하는 추진체를 만들어야 한다.

우리를 하늘로 쏘아 올리는 추진로켓은 바로 우리 자신 안에 있는 것이다!

이 땅에 있는 문제들을 다 더해도 높은 산 위에 올라가서 보면 작아 보인다. 우리 앞에 놓인 문제들은 엄청나 보이는 것이 많다. 그것들에 집착하면 문제는 더욱 커 보인다. 그러나 높은 곳에서 내려다보면 그것들의 정체와 헤쳐 나갈 길이 보인다. 땅을 박차고 하늘을 날자.

어려운 문제가 있다면 우리의 위대한 소유인 '생각하는 힘'을 가지고 현상을 바꾸어야 한다. 무슨 뜻인가? 진주를 보라. 어떻게 진주가 만들어지는가! 진주를 만들어 내는 조개가 따로 있는가? 사람이 진주조개를 양식하고는 있지만 원래 진주를 만들어 내는 조개가 따로 있지는 않았다. 진주조개는 자기 몸속에 들어 와서 아프게 하는 돌멩이를 분비물로 감싸고 감싸면서 참고 참은 결과인 것이다. 그러니까 조개에게 돌멩이라는 문제가 들어와서 고통을 주는 것에 최선을 다해 대처하였기 때문에 진주조개가 된 것이다.

    살다 보면 문제들이 꼬리를 물고 나타날 때도 있다. 그럴 때 주저앉으면 안 된다. 자살하면 더욱 안 된다. 완전히 사망하기 전에는 죽지 말라! 문제에서 도망치지 말라. 오히려 "문제야 와라. 내가 여기 있다. 한판 붙자! 나는 너를 이길 수 있다. 나는 너를 이기고 조개가 진주를 만들 듯이 너 때문에 내가 고귀하게 되겠다" 이렇게 대응해야 한다.

    레나 마리아를 보라. 닉 부이치치를 보라. 스티븐 호킹을 보라. 헬렌 켈러를 보라. 그들은 극도의 또는 다중 장애인이었다. 그렇다고 그들이 주저앉았는가? 자살을 택했는가? 아니다.

    대표적인 예로 헬렌 켈러는 남이 자기 손바닥에 써 주는 알파벳으로 글을 익혔고, 여성들의 하버드 대학교라고 하는 래드클리프 대학교에서 공부했고 시각, 청각 장애인으로서 인문학 학사를 처음으로 받은 사람이 됐다. 그녀는 독일어, 프랑스어, 라틴어, 그리스어, 대수학과 기하학, 영문학을 배웠으며, 세계 39개국을 방문하였고 작가였고 인권운동가였고 진보적 지식인이었으며 잘못된 도덕주의에 저항했다. 그녀는 말했다.

나의 낙관주의는 악이 없다는 것에 근거한 것이 아니라, 선이 우세하고 선이 이기도록 선과 항상 기꺼이 협동하는 사람들의 노력을 신뢰하는 따뜻한 믿음에 근거하고 있다.

그렇다. 우리 형편이 좋아서 낙관하는 것이 아니다. 우리가 제정신을 차리고 스스로 일어나고 옆 사람과 협력하면 좋은 결과가 나올 것이라는 따뜻한 믿음이 있기 때문에 낙관하는 것이다.

당신의 몸이 레나 마리아보다 나쁜가?
당신의 팔 다리가 닉 부이치치보다 더 없는가?
당신의 눈과 귀가 헬렌 켈러보다 나쁜가?
당신의 건강이 스티븐 호킹보다 더 나쁜가?
그렇다면 좌절하라.
안 그렇다면 일어나라. 지금은 물러날 때가 아니다.

신문에서 이런 글을 읽었다. "저는 공고工高를 졸업하였기 때문에 앞길이 막막합니다. 우리나라에는 공고 출신이 할 것이 없습니다"라는 요지의 글이었다. 나는 그분에게 말하고 싶다. "아니오. 당신이 공고 출신이라 앞이 막막한 것이 아니라, 당신이 생각을 잘못하고 있기 때문에 막막한 거요!"

내가 중학교 때 아버지가 나에게 말씀하시기를 "세진아, 너는 대학에 가지 마라. 아버지는 너를 대학에 안 보낼 거야"라고 하셨다. 나는 너무 이상해서 여쭈었다. "아버지, 내가 왜 대학에 가지 말아야 돼요?" 아버지의 대답은 간단했다. "우리나라의 부정부패는 다 배운 사람들이 저지르고 있다. 너는 그 대열에 낄 필요가 없지." 그때는 아버지가 원망스러웠지만, 이제 보니 아버지 말이 맞는 말이었다.

그래서 나는 마포에 있던 수도공고 전기과를 졸업했다지금은 개포동에 있다. 그런데 대학에 진학하고 싶어서 아버지 몰래 재수를 하여 예비고사지금의 수능를 치르고 대학에 진학하였다. 그리고 대학원을 나오고 미국과 이스라엘에서 11년을 유학하였다.

세계적인 명문인 미국 시카고 대학교에서 근동고고학Near Eastern Archaeology을 전공하여 박사학위를 받았다. 나는 동아시아인으로는 처음으로 시카고 대학교에서 고고학 박사학위Ph.D.를 받은 사람이 되었다.

내가 처음으로 교편을 잡은 것은 이스라엘의 예루살렘 대학이었다. 거기에서 나는 현지인들과 외국인들에게 근동고고학을 강의하였고, 나중에는 학교의 책임자President로 임명되었다. 한국에 와서 나는 모 대학의 총장을 지냈다. 아버지가 대학에 보내지 않은 아이인 내가 살아온 길이다.

나의 진학을 막은 것은 아버지였다. 다른 아버지들은 아들을 대학에 보내려고 무진 애를 썼다. 땅도 팔고 집도 팔았다. 그러나 우리 아버지는 나를 대학에 안 보내려고 무진 애를 썼다. 아무 것도 팔지 않으셨다. 아버지의 금지선언은 나에게 엄청난 장벽이었고 문제였다.

그러나 나는 내 속에서 1단계 추진로켓을 만들었다. 아무도 도와주지 않았지만 나는 대학에 진학했다. 그때는 '대학공부'가 나의 모토였고 화두였다. 바지와 셔츠는 색깔 배합이 안 되었고 같은 옷을 한 달 내내 입었어도 괜찮았다. 구두 밑창이 떨어져서 돌이 들어왔고 비가 오면 구두 안에 물이 고여 질척거렸지만 나는 괜찮았다. 내가 원하던 대학공부를 하고 있었으니까.

그런데 대학에서 하는 공부는 영어를 잘해야 좋은 성적을 낼 수 있었다. 공고 전기과를 졸업한 나에게는 그런 영어실력이 없었다. 또 하나의 장벽을 만난 것이었다. 장애물 경주에 참가한 것 같았다. 장애물 경주자가 장애물 한 개를 넘고 승리할 수는 없다. 뛰고 또 뛰면서 나타나는 모든 장애물들을 넘어야 결승점에 도착할 수 있다.

거기에서 주저앉았다면 그럭저럭 졸업은 했겠지만, 나는 거기서 만족하지 않았다. 나의 1단계 추진로켓은 그것을 넘어 강력한 힘으로 나를 영어의 세계로 밀어 올려서 새로 나타난 장애물을 극복하게 하였다. 무엇을 했냐 하면 중학교 2학년 영어 교과서를 1과부터 마지막 과까지 다 외웠다. 하루도 쉬지 않고 밤이나 낮이나 걸을 때나 차를 탈 때나 내 손에는 그 영어책을 베낀 독서카드가 들려 있었다.

사람들은 나를 놀렸다. 대학 2학년생이 이제야 중학 영어책을 배우느냐고, 발음이 틀렸다고, 그렇게 해서 영어가 되는 게 아니라고. 그러나 나는 밀고 나갔다. 1년이 지난 후 나는 그 책을 다 암기할 정도가 되었다.

그리고는 영어회화 테이프 12개를 남에게서 빌려다가 책은 안 보고 소리로 듣기만 했다. 각 설정된 상황에서 미국인들이 하는 대화를 이해가 될 때까지 듣고 또 들었다. 어떤 문장은 되감기를 하며 수십 번을 들었다. 그렇게 해서 또 1년이 지나갔고 서툴기는 했지만 영어 통역을 할 수 있게 되었다.

　내가 미국과 이스라엘에서 11년 유학생활을 성공적으로 할 수 있었던 것은, 그리고 시카고 대학교에서 박사학위를 받을 수 있었던 것은, 더 나아가 이스라엘 대학에서 강의하고 행정을 볼 수 있었던 것은 대학 2학년 때 생각을 잘했고 그것을 꾸준히 매일 실천했기 때문이다.

　나는 누구의 도움을 기다리지 않았고, 학교에 랭귀지 랩이 있는지, 원어민 교수가 있는지 없는지 상관하지 않았다. 왜냐하면 그 많은 자원이 있어도 결국 영어 문장들을 내 머릿속에 가득 집어넣지 않으면 소용이 없기 때문이었다. 그래서 나 스스로 했다. 남의 추진로켓이 아니라 내 속에 있는 1단계 추진로켓이 강력한 추진력을 내게 하였다. 그땐 몰랐는데 지나 놓고 보니 그게 참 좋은 거였다. 참 잘 하였다.

　생각을 하자. 생각이 보배다. 아무 가진 것이 없다고 한탄하지 말자. 최소한 생각하는 힘은 누구에게나 공평하게 부여되어 있다는 것을 잊지 말자. 생각을 잘하면 그 어떤 문제나 장애도 극복할 수 있다. 그래서 우리는 사람이다. 생각이 사람을 살린다.

　생각이 없으면 죽는다. 땅에 집착하지 말고 하늘을 나는 생각을 하자. 자기에게 닥친 문제가 오히려 이로운 것이 되도록 그것의 역할을 바꾸어 주는 생각을 하자. 그리고 그것을 이루기 위해서 인내하자. 매일 밀고 나아가자.

　땅을 박차고 하늘을 날자!

미주

1. 미국영화 〈The Dead Poets Society〉(죽은 시인들의 시를 연구하는 클럽)에 나오는 시학 교사.
2. 홍자성 지음, 황병국 국역,《채근담(菜根譚)》서울: 혜원출판사, 1989. p.239.
3. 연합뉴스 2010. 6. 18.
4. 미국인 Danney Daniels와 Donna Hightower가 지은《This Wold Today is a Mess(요즈음 세상은 엉망이다)》를 한국말로 번안하여 듀엣 김씨네가 불렀다.
5. http://news.chosun.com/site/data/html_dir/2011/01/06/2011010600078.html
6. 홍자성 지음, 황병국 국역,《채근담(菜根譚)》서울: 혜원출판사, 1989. p.298.
7. 기독교의 경전인 성경(聖經)은 한 권 같지만 실은 신약성경과 구약성경 둘을 하나로 묶은 것이며, 신약성경은 27권의 작은 책들을, 구약성경은 39권의 작은 책들을 모아서 집대성한 것이다. 즉 성경 안에는 66권의 작은 책들이 들어 있는 것이다.
8. 구약성경 열왕기상 5장 9-10절(공동번역).
9. 구약성경 열왕기상 11장 4절.
10. Ariel Sharon. 이스라엘 독립전쟁(1948년), 키브야 대학살(1953), 수에즈 전쟁(1956), 6일 전쟁(1967), 욤 키푸르 전쟁(1973) 등 이스라엘 건국시의 주요 전쟁에서 공을 세운 무인이다. 리쿠드 당원으로 정부 요직들을

수행했고 2000년에 리쿠드 당 대표가 되었으며 수상을 역임했다(2001-2006). 그는 정치적으로 많은 논쟁을 불러일으켰고, 1970년대부터 90년대에는 웨스트뱅크와 가자 지역에 유대인 정착촌들을 건설하는데 앞장서서 팔레스타인과 첨예하게 대립했다. 2000년에는 그가 예루살렘에 있는 성전산을 방문하자 그곳의 소유권을 가지고 있는 팔레스타인이 이스라엘에 대항하여 인티파다(반항, 봉기)를 일으켰다. 그러다가 그는 수상으로서 가자 지역 유대인 정착촌 철수를 강행하였다(2004-2005). 이에 반발하는 리쿠드 당을 떠나서 2006년에 카디마 당을 창설했으나 2006년 1월에 혼수상태에 빠졌다. 그가 창당을 주도한 카디마는 에후드 올메르트를 앞세워 2006년 3월 총선에서 승리하였다. 샤론의 일대기는 이스라엘 건국과 발전의 역사와 겹친다.

11 구약성경 전도서 3장 1-8절(개역개정).

12 Avraham Tamir, 《A soldier in search of peace: An inside look at Israel's strategy.》 New York: Harper & Row, 1988.

13 구약성경 시편 119장 140절(공동번역).

14 한국방송공사와 공익광고협의회 광고.

15 신약성경 마가복음 9장 23절(공동번역).

16 이스라엘의 수도 예루살렘에서 동쪽으로 펼쳐지는 길이 100km 정도 되는 광활한 황무지인데 계속하여 이어지는 민둥산들로 구성되어 있다.

17 홍자성 지음, 황병국 국역, 《채근담(菜根譚)》 서울: 혜원출판사, 1989. p.300. 번역문은 필자가 손질을 하였다.

18 구약성경 시편 12장 8절(공동번역).

19 성경적인 관점에서 종교에 대한 정의를 내린다면, "그런즉 너희는 먼저

그의 나라와 그의 의를 구하라 그리하면 이 모든 것을 너희에게 더하시리라"(신약성경 마태복음 6장 33절)는 가르침이 적절할 것 같다.

20   신약성경 마태복음 22장 35-40절(공동번역).
21   신약성경 마태복음 5장 38-48절.
22   신약성경 마태복음 6장 25-34절(필자 개인번역).
23   신약성경 마태복음 5장 38-39절(필자 개인번역).
24   구약성경 신명기 19장 21절(필자 개인번역).
25   구약성경 레위기 24장 19-22절(필자 개인번역).
26   신약성경 누가복음 6장 27-28절.
27   구약성경 욥기 34장 21절(필자 개인번역).
28   구약성경 시편 86장 7절(필자 개인번역).
29   다쓰미 나기사,《버리는 기술》, 김대환 옮김. 도서출판 이레, 2008.
30   이용규,《내려놓음》, 규장, 2006.
31   카이 룜하르트,《삶의 속도를 늦춰라》, 송소민 옮김. 황금비늘, 2005.
32   이청준 글, 김선두 그림,《마음 비우기》, 이가서, 2005.
33   법정,《버리고 떠나기》, 개정판. 샘터, 2001.
34   바스나고다 라훌라 스님,《무소유로는 행복해질 수 없다》, 이나경 옮김. 아이비북스, 2010.
35   신약성경 마태복음 19장 21절.
36   신약성경 요한복음 10장 15-18절.
37   불교 최초의 경전 숫타니파타, 법정 옮김. 도서출판 이레. 1999. pp.769-771.
38   신약성경 디모데전서 6장 9절(공동번역).

39 신약성경 야고보서 1장 14절(공동번역).

40 구약성경 미가서 7장 3절(새번역).

41 신약성경 야고보서 1장 15절(새번역).

42 Marco Bussagli (text) & Giovanni Breschi (graphic design), 《Michelangelo》, Italy: Giunti, 2000. p. 48.

43 예수는 자기 자신을 '인자(人子, 사람의 아들)'라고 했고 신을 아버지라고 불렀다.

44 신약성경 누가복음 9장 58절(필자 개인번역).

45 신약성경 마가복음 14장 50절(공동번역).

46 신약성경 누가복음 23장 34절.

47 이 글은 1926년 필라델피아의 저슨 출판사(Judson Press)가 펴낸 제임스 앨런 프랜시스 박사(Dr. James Allan Francis)의 《진짜 예수(에 대한 설교)와 다른 설교들》(The Real Jesus and Other Sermons) 속 123-124쪽에 있는 '기사(騎士)여 일어나라!(Arise Sir Knight!)'라는 설교문에 원문이 있다(참고 : http://www.anointedlinks.com/one_solitary_life_original.html). 세월이 가면서 표현이나 단어가 약간씩 다른 판본이 두어 개 나타났다. 그 후기 판본들 중의 하나를 대본으로 삼아 필자가 한글로 번역하였다.

48 이 글을 아름답게 영상화한 것을 웹사이트에서 감상할 수 있다. http://www.onesolitarylifemovie.com/

49 신약성경 마태복음 7장 21-23절(공동번역).

50 삼손은 고대 이스라엘을 다스렸던 판관(또는 사사)들 중의 한 명이었다. 그는 적국(敵國) 불레셋 나라의 여자를 사랑하여 아버지에게 결혼을 허

락해 달라고 했다가 "이스라엘 여자들이 어때서 적국의 여자와 결혼하려고 그러느냐"고 야단을 맞았다. 삼손은 그 여자를 좋아하니 그렇다고 대답하였다(출처: 구약성경 사사기 14장).

51 신약성경 마대복음 24장 6-13절(공동번역).

52 신약성경 마태복음 5장 5절(필자 개인번역).

53 '수랑하다'는 말의 어원은 '(사람을) 생각하다', '(사람을) 그리워하다'는 뜻이었다. (김해연, '사랑'은 고유어입니다. 국어평생교육 사이트 우리말 배움터에서 인용).

54 고맙다는 말은 원래 한글 고어 '고마ᄒ다'에서 왔다고 한다. '고마'는 '존경'이나 '공경'을 뜻하는 낱말이었고 '고마ᄒ다'는 '존경하다'는 뜻이라고 한다. 이것이 '고마오다'가 되고 결국에는 '고맙다'가 되었다. (홍윤표, '고맙다' 어원. 국어평생교육 사이트 우리말 배움터에서 인용).